동 남 문 학 열 두 번 째 이 야 기

천천히 조금 천천히

초판 발행 2011년 12월 3일
지은이 동남문학회

펴낸이 안창현 펴낸곳 코드미디어
북 디자인 Micky Ahn 편집디자인 장민서
교정 교열 박동경
등록 2001년 3월 7일
등록번호 제 25100-2001-5호
주소 서울시 은평구 갈현1동 419-19 1층
전화 02-6326-1402 팩스 02-388-1302
전자우편 codmedia@codmedia.com

ISBN 978-89-94178-39-4 03810

정가 10,000원

이 책은 경기문화재단 문예진행기금 일부를 지원받았습니다.

동남문학 열두 번째 이야기

천천히 조금 천천히

밤하늘에
별

'시인 또는 수필가'를 밤하늘에 별과 같다고 생각해 본 적이 있습니다. 별은 태양처럼 작열하지도 않으며 생명을 살리고 죽일 힘도 없습니다. 하지만 어둠 속에서 분명하게 빛을 발합니다. 때로는 길 잃은 배들의 항로를 인도해 주기도 합니다. 별이 없는 밤하늘은 삭막하고 공허하고 재미가 없습니다.

올 일 년도 동남문학회 회원들은 밤하늘에 반짝이는 별로 남기 위해 언어를 새롭게 갈고 또 윤이 나게 닦았습니다. 특히 도서관에서, 병원에서, 경찰서에서 '가족'을 테마로 시를 쓴 시화전을 열어 관람자와 큰 공감대를 형성하였으며, 수원시 평생학습 축제에서 영예의 대상을 획득하기도 하였습니다. 새로운 시인과 수필가가 태어났고 새로운 개인시집이 발행되기도 하였습니다. 문예진흥기금의 지원을 얻어 동인지를 발행하였으며, 문파문학 강릉 여름축제에서 연극으로 백일장 종합 1위를 차지하기도 하였습니다.

하지만 이러한 일들로 우리의 소임을 다 했다고는 생각하지 않습니다. 우리는 더 향기 나는 글, 더 울림 있는 글, 더 깊이 있는 글, 더 오래 오래 읽히는 글을 쓰기 위해 혼신의 노력을 다 할 것입니다. 지금껏 쌓아올린 11층 문탑 위에 또 한 층을 더 올려놓습니다.

언젠가는 이 탑이 저 별자리에 닿을 것을 기대하면서.

2011년 12월 동남문학회 회장

이규봉

동 남 문 학 열 두 번 째 이 야 기

최지은

시작노트

삶
살아야 하는
살아가야 하는

詩

최지은

「문학시대」 시부문 신인상 등단, 동남문학회 회장 역임, 문파문학회 상임운영이사, 경기시인협회 회원, 경기수필가협회 회원, 제3회 동남문학상 수상, 저서 : 시집 『이쯤에서』, 공저 『시간 속을 걸어가는 사람들』 외 다수
e-mail 〈rosa8047@hanmail.net〉

01

겁

운전대를 잡으면 늘 똑같은 겁이 나
바퀴가 튕겨져 땡그르르 굴러가 버리는 건 아닐까
혹은 펑크가 나서 투루룩 주저앉지는 않을까
운전대가 저 혼자 쑥 빠져 내 손안에
동그란 원만 남기고 제 멋대로 굴러가지는 않을까
차가 통째로 퉁 튕겨져 보호대에 처박히는 건 아닐까
굉음을 내고 달리는 덤프트럭에
내 작은 차가 요동을 칠 때면
트럭 바퀴에 휘말리지는 않을까
그래서 난 운전할 때마다 무서워
진땀이 바작바작 나서 손에 땀이 흥건하게 고이곤 하지
오늘은 오른손에 쥐까지 나더라구
그래도 운전은 안 할 수 없잖아
이런 공포 분위기는 언제까지 계속되는 걸까
내가 운전을 하는 한 끝까지 같이 가야하는 걸까

02

길을 잃다

늘
다니던 길인데
갑자기
깜깜해졌다
촉각을 세워
더듬거려 보아도
길이 잡히지 않는다
막막함
뒤돌아보아도
칠흑 같은 어둠만 있을 뿐
길을 잃어 버렸다

03

나이 든다는 것

비판적 사고 능력이 우수한 그 사람
오늘도 내가 한 말을 붙잡고 신랄하게 꼬집는다
꼬집힌 나는 아파
없는 비판력을 동원해 깨물어 보지만
단단한 그의 살을 파고들지 못한다

동석한 다른 그가
물끄러미 취기 어린 눈으로 바라본다
젊었네
기운이 남았어
이젠 다른 사람들이 그냥 이해가 되던데
그러면서 한편으로 씁쓸해
이것이 늙는 것인가 하고
당신도 그냥 받아줘
아직 젊어서 그래

04

동행

예전에
그와 난
오솔길을 두 손 꼭 잡고 걸었다

긴 세월을 돌아
다시 만난 오늘
기차 레일 하나씩 차지하고 걷는다

끊어진 소통의 연결고리는
아무리 손 내밀어도 가까워지지 않는다
둘은 손을 건네는 동작조차 하지 않았다
슬픔이 깃들인 그의 눈빛에 나도 덩달아 애잔한 슬픔에 빠졌다

뜨겁게 달구어진 두 길 위에 서
싸늘해진 마음만 확인하는 오늘
푸른 숲이 멀리서 안타깝게 바라본다

05

수면

연탄을 풀어놓은 듯
검푸르게 칙칙한 색을 띠우고
수심을 드러내지 않는 일월저수지는
새벽공기도 무겁다

몇 해 전
저수지 밑바닥 썩은 흙을
두부 판 모양처럼 잘라내어 흙을 갈아 엎었을 때
기인 다리 왜가리들
물 다 빠지고 남은 물줄기 사이에
겨우 목숨 유지하고
오글오글 뭉쳐 하얀 비늘 반짝이던
물고기들 탐내고 있었던 때도 있었는데

그 물고기들 중
살아남은 것들이 굵어진 것일까?

퐁퐁
오 센티

퐁당
십 센티
풍덩
이십 센티
풍더덩
오십 센티

그리고
똥그라미
동그라미
제 몸무게만큼 씩
둥그런 포물선을 그리며 빛 잃은 수면에 별을 뿜어낸다

06

아침 풍경

하루가 다르게 성장하며 변화하는 오월 들판

보랏빛 코스모스 한 송이 활짝 피어 한들한들 웃음 짓는다

산책로에 무성하게 키 높이로 자라있던 들풀
바짝 베어져
마지막 호흡 다하며 지른 비명
진한 풀 향기로 가슴 깊숙하게 밀고 들어와
어릴 적 외할머니 댁
새벽이슬 머금고 향기 뿜던 옥수수 밭
속으로 시간 여행을 떠나게 한다

배와 등이 붙어 한 장의 종이 같던 완두콩
제법 배를 불려 출산을 꿈꾼다

빨갛게 타 오르던 산딸기는
이제 검붉게 빛을 잃고 생을 마감하고 있다

태어나고

죽고

다시 피어나는

오월의 들판에는 인생이 흐르고 있었다

07

입양

언니
그 애가 룩셈부르크에 산대
독일과 프랑스 경계라는데
나라인지 도시인지 모르겠어

그래
그래
술 그만 마시고 건강하게 있어라
그 아이 만날 때
엄마 모습 제대로 보여줘야지

언니
내 꼴이 부끄러워
만날 자신이 없어

그러지 마라
울 엄마도
어디서
어떤 모습으로든

살아만 있다면
볼 수만 있다면
얼마나 좋겠니

내가
그 애라면
엄마라 부를 수 있는 사람 있으니
너무 좋을 것 같다

시 작 노 트

뭘 닮아 여린지
이 계절이 오면 가슴이 먼저 떨린다
왜 그러는지 모를 일이다

전영구

詩

사랑, 되새김
자운영
화우花雨
화산花山

隨筆

강릉을 떠올리면
숲이라는 옷을 입고

전영구

「문학시대」 신인상 등단, 한국문인협회 회원, 카톨릭문인회 회원, 경기시인협회 회원, 동남문학회장 역임, 「문파문학」 편집국장 및 기획실장, 제2회 문파문학상 수상, 제2회 동남문학상 수상, 저서 : 시집 『낯선 얼굴』 『손 닿을 수 있는 곳에 그대를 두고도』 『그대가 그대라는』 e-mail 〈time99223@hanmail.net〉

01

사랑, 되새김

스치는 신음소리에도 몸을 사린다

하늘이 무너져
하얀 먼지 날리던 때도
잔 숨만 빈 가지에 매달아 놓고
뒷짐 진 세월은 세월대로
우는 소리로 사랑을 맞는다

고통 없이 사라지는 것도 고통인데

내내 데워지지 않은 숨결만
후
후
단내를 뿌리는 사이
시간 끝에 멱살 잡힌 추억은
풀 죽은 악몽만 끌어 덮고
밤사이 언 가슴을 녹이고 있다

02

자운영

흐트러지게 날리던 미소
잠시 접은
자운영

별 아래
풋거름처럼 늘어져도
그 자리를 비워둔다는
약조가 미더워
보풀어 오른 주둥이 삐쭉거리다
자줏빛 머릿결 풀어헤치며
가는 허리
다시 접은
자운영

03

화우花雨

사락,
변명 하나 떨어진다

나풀거리는 몸둥이
빈정 상한 계절의 이른 변절 모르고
시야를 가르는 눈부신 비행으로
바람을 희롱하다
나풀거리던 몸둥이 품위에 걸맞지 않게
내쳐진 꼴이 되어
한때
화려했던 삶의 행색은
축축한 노여움 맞고
생면부지의 나락에서 소멸의식이 시작 됐다

사락,
절망 하나 떨어졌다

04

화산花山

하늘 아래

병풍을 펼치니

숲 향기에 취한 구름 무리가

열두 폭 치마 새로 드러낸 둔부처럼

자홍색 등성이를

농염하게 깔고 앉아 있다

강릉을 떠올리면

누구나 한 번쯤은 어디론가 훌쩍 떠나고 싶은 생각이 들 때가 있다. 삶에 대한 힘겨움이 밀려오면 모든 것을 접어두고, 여행이라는 거창한 타이틀보다는 현실에서 잠시 비켜서서 자신을 돌아보고, 몸과 마음을 재충전 해 다시 일상으로의 평안한 복귀를 꿈꾸고 있다. 지친 자신을 맡겨 심신을 어루만져줄 곳을 찾다 보면 떠오르는 곳이 그리 많지는 않다. 왠지 아무도 모르는 곳, 아니면 내 고향처럼 편함을 느낄 수 있는 곳을 찾기 마련인데 언제부터인가 나에게는 연고지도 아니고, 아는 지인이 많은 곳도 아닌 강릉을 찾게 되었다.

강릉 하면 막연하게 바다가 있고, 호孝를 상징하는 여러 유적들을 떠올렸는데, 몇 해 전 문학세미나가 있어 강릉을 찾게 되었고, 그곳에서 받은 융숭한 대접 때문인지 아무튼 왠지 모를 편안함에 긴장된 행사를 성공리에 마치고 돌아온 기억이 남아 있다. 그 후 여행이 하고 싶을 때나, 생활이 지치면 직접은 가지 못하더라도 강릉을 떠올리며 대리 휴식을 취하고는 했다.

그러던 어느 날 근무하던 회사에서 1박 2일 여정의 야유회를 떠나기 위해 여행지를 물색하고 있었는데 나는 무엇인지 모를 자신감에 강릉을 권했다. 자신에 찬 나의 모습에 팀원들은 기대에 차서 강릉행을 결정하고 20여 명이 여행을 하게 되었다. 그러나 처음 자신에 찬 권유와는 달리, 출발을 하자 점점 머릿속이 착찹했다. '왜 그랬을까? 그냥 묻어가지. 만약에 다들 가서 실망을 하면 어떡하지?' 하며, 내내 편치 않은 얼굴이 되어 있는데 동승한 여직원들은 연신 강릉에 대한 궁금한 점을 물어왔다. "아니 이 사람들이 그 나이 먹도록 강릉도 한번 못 가봤나? 왜들 그래?" 하며 일단 가보면 끝내준다며 큰소리는 쳤다. 20여명의 여행을 책임져야하는 나는 그야말로 죽을 맛이 되었다.

드디어 강릉! 일단은 300년 역사를 자랑하는 선교장船橋裝으로 안내를 했다. 드라마 〈황진이〉, 영화 〈식객〉등 일반인에게도 많이 소개가 된, 수십평의 연못 위에 지어진 활래정이라는 정자를 돌아봤다. 예전에는 경포호수를 가로질러 배로 다리를 만들어 건넜다 하여 선교장船橋裝이라 명명되었다는 말에는 모두들 의심을 하는 듯 했지만 "그것뿐이 아니라 선교장은 고택의 의미를 넘어 「용비어천가」, 「고려사」등 귀중본과 고서적을 많이 소장하고 있지." "그리고 이 선교장은 개인 소유의 국가 문화재란 말씀이지. 어때 올만했지?" 라고 하자 모두들 박수를 치며 신기해했다. 이어 오죽헌烏竹軒에 들러 사임당과 율곡 이이에 대해, 지난밤 눈을 비벼가며 수집한 정보를 풀어내니 모두들 놀라워했다. 검은 대나무의 기개를 새기기 위해 오죽헌烏竹軒이라 불리어졌으며, 보물 제165호로 지정되었다 하며 가지고 있는 지식을 다 털어 놓았다. 그제야 강릉을 고집한 이유를 알겠다며 오히려 나에게 고맙다는 말을 건네 오고 있었다.

저녁이 되어 도시인들의 로망인 바닷가를 낀 숙소에 짐을 풀었다. 모두들 어린이 같은 얼굴을 하고 다음 일정을 기대하는 눈치였다. 여행이 주는 강점은 쉽게 분위기에 동요되고 집을 떠난 홀가분함에 모두 들뜨기 마련이기 때문에 약간의 재미만 있어도 분위기는 급상승하게 되어 있다. 그런 점을 착안 해, 바로 바다로 나가 각종 게임과 짓궂은 벌칙이 오가자 어느새 직장생활에서 쌓인 마음의 벽을 무너뜨리고 있었다.

다음 날 아침, 모두들 전날 과음으로 인한 쓰린 속을 달래기 위해 바닷가 옆에 자리 잡은 해장국집을 찾아갔다. 모두들 내가 추천하는 음식을 먹겠다고 해, 전에 한번 맛있게 먹은 해장국을 시켜주었다. 그 맛과 주인장의 유머스런 너스레에 즐거워하며 모두들 만족한 웃음을 짓고 있었다. 그 후 일상에 복귀를 했는데도 한동안 강릉에서의 즐거움을 잊지 못하는지 여기저기 강릉에 대해 물어 올 때마다 마치 내가 강릉의 홍보대사라도 된 양, 열심히 답을 해주느냐 고생 아닌 고생도 했지만 참으로 유쾌한 추억이었다.

몇 해가 지나 행사 관계 준비로 다시 찾은 강릉은 많이도 변해 있었다. 일단은 거리의 모습이 내가 좋아하는 소나무로 가로수를 식수해 놓은 점이 마음에 들었다. '역시 강릉은 뭔가 나랑 궁합이 맞는단 말이야.' 속으로 기뻐하며, 모처럼 휴일을 맞아 동행한 아내에게 진짜 강릉의 멋과 맛을 보여주겠노라 큰소리를 쳤다. 그리고 준비한 일정을 모두 마치고, 몇 유적지를 보여

주고, 기억을 더듬어 그 해장국집을 찾았다. 몇 해가 지났어도 그 맛, 그 주인장 그대로, 그 자리를 지키고 있었다. 맛이 어떠냐는 나의 자신 있는 눈빛에 아내는 너무 맛있다는 표정이었다. 괜한 뿌듯함에 나도 미소를 지으며 어깨를 활짝 폈다. 강릉이라는 도시만 떠올리면 피어오르는 이 자신감은 어디서 생기는 걸까하며 혼자 피식 웃어넘겼다.

나에게 강릉이 주는 의미는 무엇일까? 슬며시 웃음을 짓게 하는 곳, 고향 같은 쉼을 주는 곳, 누군가 덥석 내 손을 잡아 줄 것만 같은 친근감이 드는 곳, 그곳이 내 안에서만큼은 늘 변함없는 강릉이다. 바닷가를 거닐며, 어린 시절 조그마한 갯벌에서 물장구치던 시간이 생각나 소리를 치며 내달리자 멀리서 아내가 활짝 웃었다.

소소한 기쁨이 가득한 강릉, 내가 사는 도시에서 3시간은 족히 달려야 도착하는 그곳에 내 마음이 자주 머문다. 그리고 가깝게 머물 수 있다는 여유가 나를 참 행복하게 하는구나 싶다. 오늘도 강릉을 향해 달려가는 나를 그려본다. 삶의 무게를 훌훌 털어낼 수 있을 만큼 식지 않는 강릉 사랑에 홀로 웃고는 한다.

숲이라는 옷을 입고

주어진 삶에 활력을 불어넣어 줄 방법을 아는 이는 무척이나 현명한 사람일 것이다. 자신을 알고 컨트롤할 수 있다면 완벽한 일이겠지만 대부분의 사람들은 그 시점이나 방법을 알지 못해 힘겨워하고, 때로는 스스로 무너져 재기에 안간힘을 쏟는 우를 범하기도 한다. 요즈음 광고를 봐도 〈활력충전〉라는 문구를 자주 보게 된다. 그만큼 현대를 살아가는 이들이 일상에 지쳐 살아가고 있다는 예가 될 것이다.

사람들은 많은 돈과 시간을 들여 운동에 시간을 보내고, 아니면 자기 취향에 맞게 쇼핑이나, 다른 여가를 찾아 자신을 다스리기에 여념이 없다. 그러나 조금만 더 시각을 달리한다면 가장 가까운 곳에서 돈과 시간과 공간이 주는 구속감에서 해방이 되는 아주 깜찍한 해결 방법을 찾을 수가 있다. 답은 바로 산림이 지어놓은 숲이라는 공간이다.

회색빛 콘크리트가 범람하는 도시에 살아도 웬만한 도시 외곽에는 숲이 형성된 푸른 공간이 있다. 내가 살고 있는 이 도시에도 가까이 광교산이라는 아주 아름다운 산이 있다. 주중에는 물론, 주말이 되면 형형색색의 등산복을 입은 도시인들이 숲을 찾아 일주일의 피로를 풀곤 한다. 청년시절 정말 겁이 없이 백두대간을 누비며, 저 산 밑에 조그마한 도시를 비웃듯 바라본

적이 있다. 산을 내려오면 올랐던 산 봉우를 바라보며 '너도 조금 전에는 내 발 밑에 있었다.' 하며 쓸데없는 자만에 차있던 철 모르던 시절이다.

젊은 시절의 산행과는 달리 어느 정도 나이가 되고 나서의 산을 바라보는 시선은 많은 차이를 보여주고 있다. 산새의 아름다움과 여유를 몰랐던 시절에는 그저 빨리, 높이 올라가는 게 목적이었다. 산을 내려와 하산 주酒에 약간의 거짓이 가미된 무용담을 나누기에 급급했지만, 지금은 친구부부와 동행을 해, 사는 이야기를 나누고 있다. 나무들이 내뿜은 피톤치드를 실컷 들이키며 산행을 즐긴다. 그리고 하산을 하면 산 아래 식당에 들려 맛있게 비빈 보리밥에 아내가 먹여주는 고추 한입으로 행복을 느끼고 있다.

얼마 전 TV를 통해 우리나라 등산패션을 꼬집는 프로를 본적이 있다. 누구를 꼬집는다는 것 보다는 그래도 자신의 행복을 추구하기 위해 투자를 하는 것이라 생각이 되어 나는 별 동조는 안했다. 요즘 가끔 산행을 하면서 한 가지 안타까운 점은, 산을 찾는 대부분의 여성분들이 착용하는 이중, 삼중으로 된 마스크가 거슬린다. 마치 원자로 연구원을 연상시키듯 싸맨 마스크 때문에 어느 때는 상대가 인사를 해도 모르는 해프닝도 있지만, 산이 주는 이 좋은 공기를 왜 그렇게 걸러 마시는지 하는 점이다.

산이, 숲이 주는 자연영양제 피톤치드는 〈식물이 분비하는 살

균 물질〉이라고 하는데 이 좋은 물질을 스스로 거부하는 점이 안타까운 것이다. 언제부터인가 우리는 건강이라는 단어를 입에 달고 산다. 주로 녹색 식물을 섭취하고 심리적 안정을 취한다는 웰빙족이라는 신조어를 탄생시킬 만큼 건강에 대한 심리적 불안감을 스스로 느끼며 산다. 많은 돈을 투자해 건강보조식품에 의지하고 있는 것도 사실이다. 그러나 우리가 사는 가장 가까운 곳에 자연건강원이 있다는 사실을 까마득히 잊고 살기 때문에 더한 초조함에 자신을 몰아넣고 있는 것이다.

숲이라는 옷을 갈아입고 맑은 공기와 음이온 피톤치드로 이어지는 자신감 넘치는 건강을 찾아야 한다. 쇠약해진 심적 치료를 무한정으로 할 수 있는 최고의 자연식 건강원은 바로 산림이 주는, 숲이 주는 보너스임을 우리는 알아야할 것이다.

시 작 노 트

가슴에 타오르는 그리움의 불꽃~~~

김태실

김태실

「한국문인」 수필부문 등단, 문파문학 운영이사, 동남문학회 회장 역임, 문파문학회 부회장 역임, 한국문인협회 수원지부 회원, 한국수필가협회 회원, 한국카톨릭문인회 회원, 제3회 동남문학상 수상, 제8회 한국문인상 수상, 저서 : 수필집 『그가 말하네』 e-mail 〈ktskts1127@hanmail.net〉

01

거울 - 어머니

참돔 한 마리 헤엄쳐 간다
동쪽에서 서쪽으로
지칠 줄 모르는 지느러미 날갯짓
해초들의 몸짓 사이를 곡예 하듯 지나
크고 통통한 고래를 비켜가며
유영하는 물고기 떼를 지난다
희끄무레하거나 선명하거나
비 오거나 개이던 날 지나며
차가운 장막을 뚫고
창살처럼 꽂히는 빛 한줄기
가슴에 타오르는 은총의 불꽃
점점 넓히는 순백의 공간
비로소 열리는 내일

02

수선화

먼데 기적소리 들린다
순간 다가와 꽃밭의 풀 솎아 내듯
안녕이란 인사를 태우고 사라지는 기차
어제, 이별의 손 흔들고 계단을 오르던 수선화
말 한마디 남기지 않고 떠났다
오늘, 그 계단 밟을 준비로 바쁜 금잔화
바람도 불지 않는데 몸이 흔들린다
어루만지던 찻잔의 온기
연리지처럼 들여다보던 마음 자락
크레파스로 장난친 도화지 한 장 찢어내듯
지우려 한다
귀뚜라미 울음 양념처럼 배인 역사에
햇살의 손길 아랫목같이 따스한데
안녕, 손 흔들며 떨구는 꽃잎 한 장
이럴 줄 몰라
이렇게 떠날 줄 몰라
미뤄둔 털목도리 집어 들자
흐느끼는 기적
흐느끼는 기적

두 번째 어머니

인연은 연분이고 연분은 사람들 사이에 맺어지는 깊은 관계다. 스치는 바람처럼 의미 없이 흐르는 연분이 있는가 하면 한 번의 연분이 일생 영향이 되는 인연도 있다. 얕거나 깊게 맺어지는 무수한 인연으로 삶이 그려진다. 한평생 울고 웃을 수 있는 인연의 끈은 나무줄기를 통하는 수액처럼 사람을 살게 하는 힘이다. 장애를 가진 자식이 눈에 밟혀 죽음까지 미뤄뒀다는 어느 부모의 마음이나, 하늘이 베푼 귀한 인연으로 허투루 살 수 없다는 사람의 삶에는 특별한 인연의 수액이 흐른다. 산등성이에 선 작은 나무였던 내게 삶의 용기를 심어준 사람이 있다. 수액 같은 사랑으로 마음껏 잎을 반짝이게 한 사람이다. 언니는 내 두 번째 어머니다.

한 집안에 태어나 자매로 맺어진 언니에게 나는 가슴으로 낳은 자식이다. 경제력이 없는 부모를 대신해 학비를 대주고 취미와 특기를 키울 수 있는 문을 열어 주었다. 등록금 고지서를 내밀면 다음날로 납부할 수 있게 해 주었고, 꿈 많은 학창시절 내내 화구나 물감의 아쉬움 없이 그림을 그릴 수 있게 해주었다. 할아버지 할머니처럼 늙은 부모를 대신해 언니는 나를 키웠다. 오빠가 셋, 언니가 셋인 내게 유독 둘째언니의 사랑은 뜨거웠다. 심장의 훈훈한 애정을 퍼부어 주며 눈길을 떼지 않았다. 언니의 각별한 돌봄 덕분에 예술세계에 눈뜰 수 있었고 학교를 졸업할 수 있었다. 힘들게 직장생활을 했던 언니의 고충은 몰랐던 철부지였다.

결혼하고 얼마 안 되어 아버지가 돌아가시고 10년 후 어머니도 돌아가셨다. 그제야 사별의 아픔을 실감했다. 늘 그 자리에 있어야할 부모의 현존이 사라지고 난 다음의 공허는 메울 길이 없었다. 어머니에게 극진하고 살뜰했던 언니는 어머니를 잃은 슬픔이 말할 수 없이 컸을 것이다. 어머니가 편안하고 행복할 수 있도록 궁리궁리하며 채워 드리던 효녀였기 때문이다. 그럼에도 불구하고 형제들을 격려하고 다독였다. 큰오빠를 중심으로 가족이 바로 서야 한다며 슬픔을 달랬고 흐느적거리는 나의 정신을 일으켜 세웠다. 어머니를 보듯 언니를 봤다. 삶의 크고 작은 일도 언니를 생각하며 이겨냈다. 누구보다 막내를 챙기는 언니의 사랑은 변함없이 따뜻했다. 언니는 두 번째 어머니로 내 가슴에 자리 잡았다.

결혼 후 삼십년이 넘게 미국에서 생활하는 언니에게 나는 아직도 자식이다. 때맞춰 축하카드를 보내오고 성탄절이면 가방, 속옷, 티셔츠 등을 차곡차곡 담은 박스를 보내온다. “막내냐~” 하고 시작하는 전화 통화는 매번 2시간을 넘나들며 당신의 사랑을 아낌없이 보여준다. 생명의 수액이다. 자식을 대하는 어머니의 헌신적 사랑이다. 한없이 내려주는 그 관심과 배려가 나를 키운다. 지치지 않는 두 번째 어머니의 사랑 안에서 지금도 성장하고 있다.

설 명절 음식을 준비하는데 언니가 그리웠다. 인생의 가을이 깊어진 언니가 새삼 고맙고 고마웠다. 나는 언니에게서 어머니 그리운 목을 축였는데 언니는 어디에서 어머니 그리운 목을 축였을까. 내가 철없을 땐 언니의 보살핌을 받고 자랐지만 이제 나이든 언니는 내가 보호하고 사랑해야 하지 않을까하는 생각이 들었다. 돌아가신 부모님이 생각나고 자주 만나지 못하는 황혼의 오빠, 언니들이 생각났다. 모두 그립고 보고 싶다. 명절 음식을 준비하고 전을 부치며 눈물을 흘리고 또 흘렸다. 그런 중에도 다행인 것은 언니는 미국 플로리다의 하늘 아래 건강히 살고 있다는 것이다. 언제라도 목소리를 들을 수 있다는 것이다. 그 사실이 감사하고 큰 위로가 되었다.

수액이 막힘없이 흐를 때 나무는 푸르고 싱싱하게 살 수 있다. 필연으로 맺어진 관계에서 정성을 베풀고 받는 사이는 아름다운 삶을 그려낸다. 어린 나무 한그루는 사랑의 생명수를 먹고 자라 굳건히 뿌리를 내렸다. 동생에게 어머니의 사랑을 베푼 언니, 어떻게 하면 그런 사랑을 내려줄 수 있을까. 어떻게 하면 따뜻한 눈빛을 그치지 않고 보내줄 수 있을까. 언니와 자매라는 인연으로 이 세상에서 살 수 있는 것은 내 인생의 축복이다. 인연의 소중함을 깨닫는 막내의 가슴에 감사의 꽃이 핀다. 사랑을 가득 받아 그 행복으로 꿈같은 삶을 살았음을 돌아보며 정성된 세배를 올린다. 태평양 너머에 있는 두 번째 어머니 가슴에 빨간 카네이션 한 송이 달아 드린다.

빛을 찾아서

계절의 순환은 어김없다. 겨울 같은 봄이 있고 봄 같은 가을이 있을 뿐 순서는 바뀌지 않는다. 차례로 오가는 계절 중에 여름은 무덥고 장마와 태풍도 의식처럼 끼어있다. 유난히 견디기 힘든 여름에 휴가를 지내는 것은 계절에 맞서 싸우지 않는다는 의미다. 제 본분에 충실한 여름을 탓하기에 앞서 그 열기를 즐기거나 잠시 피하는 것이 휴가다. 무더위가 기승을 부리는 복중에 성빈센트 병원에서 호스피스 교육이 있다는 것을 알았다. 올해는 산이나 바다, 계곡을 찾는 것이 아닌 색다른 휴가를 지내고 싶어 신청했다. 날씨는 찌는 듯이 덥지만 교육 장소는 시원했고 이제까지 느끼지 못한 신선한 경험의 시간이었다.

남편과 나는 호스피스 완화 의료교육을 받기 위해 가톨릭대학교 성빈센트 병원으로 갔다. 아침 9시부터 저녁 5시까지 진행되는 교육은 죽음과 삶에 새로운 눈뜸의 기회가 되었다. 호스피스라고 하면 막연히 죽음을 앞둔 환자를 돌보는 일이라고만 생각했다. 그러나 호스피스는 말기 암 환자에게만 부여되며 품위있는 죽음을 맞을 수 있게 돌보는 단계다. 환자와 그 가족의 신체적, 정서적, 사회적, 영적 증상들을 돌보아주어 삶의 질을 높이는 활동이다. 사람은 아기였을 때 도움이 필요하듯이 생명이 끝나갈 때도 도움이 필요하다는 것을 새삼 느낀다.

호스피스는 죽음을 생의 정상적인 과정의 일부로 인정하고 남은 삶의 질을 유지하는데 중점을 둔다. 자신의 삶이 얼마만큼 남았는지 바로 알 때 사람은 진실해지고 호스피스를 통해 잘 준비할 수 있게 된다. 삶이 끝나는 지점에서 '나는 멋진 인생을 살았어' 라거나 자신과 관계된 많은 사람들에게 '고맙고 감사하다' 고 인사를 할 수 있다면 얼마나 아름다운가. 죽음은 문턱에 와서 기다리는데 매듭을 풀지 못해 가슴앓이를 하며 떠난다면 보내는 사람이나 가는 사람이나 안타까운 일이다. 언젠가 죽음이 찾아오겠지 하고 막연히 생각하는 내게 잘 죽기 위해선 잘 살아야한다는 다짐의 기회가 되었다.

미술치료사가 미술요법을 했다. 도화지와 크레파스를 주고 마음대로 그림을 그리라 한다. 막막했다. 무엇을 그려야할까. 몇 명이 자신의 그림을 가지고 나와 발표를 한다. 미술치료사의 권고로 나온 한 남성은 찌그러진 타이어 하나를 그렸다. 열심히 직장에 다니며 가족을 부양하고 퇴직한 지금, 자신의 처지가 바람 빠진 타이어 같다고 했다. 가슴이 찡하며 공감이 되었다. 어떤 여성은 붉은 심장을 그렸고 그 심장 가운데에 검은색 돌을 그려 짓눌린 고통을 표현했다. 다행히 연두색으로 심장을 감싸주고 있어 희망적이라는 말을 들었다. 사람들은 모두 가슴에 상처를 지니고 있다는 생각을 했다.

유서를 작성하는 시간이다. 유언장 예시를 보며 나도 죽음을 앞둔 마음으로 유서를 작성했다. 사랑하는 사람들에게 하고 싶은 말과 사후 유산처리 문제, 장례에 대한 생각을 소상히 작성했다. 이름과 사인을 한 후 도장을 찍었다. 숙연하다. 멀게만 느껴지던 죽음이 한결 가까이 와 있다는 느낌이다. 정녕 피할 수 없는 죽음이라면 작별인사를 할 시간이 있다는 것은 감사해야 한다는 생각이 들었다. 유서는 자필증서일 경우 누군가 대신 쓰거나 타자 친 것은 안 된다. 녹음일 경우에는 이름과 녹음 날짜를 밝히며 증인이 있어야 한다. 죽음에 이르러 작성한 유서가 필요한 사항을 기입하지 않아 효력을 발휘하지 못한다면 얼마나 안타까운 일인가.

신은 죽음을 받아들이기 힘들어하는 우리를 위해 평생 죽는 연습을 시킨다. 밤이면 죽은 듯이 자고 아침이면 깨어나는 매일의 삶이 그렇지 않을까. 죽음을 순연히 받아들인다는 것은 빛을 향해 걸어가는 것이다. 죽음에 대해 자유롭게 이야기 할 수 있을 때 삶은 더욱 적극적이고 긍정적이 될 수 있다. 마더 데레사 수녀님이 '삶은 어떤 것을 이루어 나가는 일이고 죽음은 그 이루어 나감의 완성이다' 라고 한 말이 가슴에 와 닿는다. 죽음이 삶의 완성이라면 나는 어느 정도까지 왔으며 지금 내 인생 시계는 몇 시일까. 완성을 향해 나아가는 남은 삶을 어떻게 살아야 할까. 교육은 나 자신을 살펴보는 기회가 되었다. 죽는 날까지 생기 있게 살다가 떠나고 싶은 소망 하나 싹텄다.

3일 동안 있었던 호스피스 완화 의료교육은 71명이 수료했다. 암성 질환의 이해와 말기 암 환자의 간호, 영적 대화 등에 대해 배웠지만 무엇보다 죽음과 마주한 사람들의 심리상태를 확인하는 계기가 되었다. 혼자 가야하는 길, 외롭고 두려운 죽음을 쉽게 받아들이지 못하는 것은 당연하다. 그러나 죽음에 대한 무거운 분위기는 가벼워지고 가족과 진지하게 대화를 나누며 가족 여행을 다녀올 수 있는 경우도 호스피스가 있기에 가능한 일이다. 몇 쌍의 부부가 섞인 수료자들은 더욱 긍정적인 삶을 살아갈 것이며 그들로 인해 세상은 더욱 밝아질 것이다. 언젠가 죽음이 다가 왔을 때 모든 사람들에게 '감사합니다' 라는 인사를 하고 갈 수 있었으면 좋겠다. 옆 동네 마실 가듯이 편안한 마음으로 떠날 수 있었으면 좋겠다. 꽃 만발한 동산을 걸어 빛을 향해 걸어가는 영혼, 그랬으면 좋겠다.

초록 날개

지구에 존재하는 모든 것은 같은 종끼리 통한다. 새는 새끼리 통하고 벌은 벌끼리 어울려 산다. 사람은 사람들 틈에서 살아가듯이 나무는 나무끼리 통할 것이다. 사람이 태어나고 싶은 곳을 선택해서 태어날 수 없듯이 나무 또한 자신이 살아갈 터를 고르지 못한다. 사람의 손으로 심겨지거나 바람의 이끌림에 뿌리를 내리는 곳이 삶의 터다. 원하든 원치 않던 자신의 존재가 생겨난 순간부터 최선을 다해 살아내야 하는 생이 있을 뿐이다. 크고 작은 무리를 이루는 나무의 나라 숲은 지구 곳곳에서 초록 숨을 쉰다. 나무동네에서 그 숨을 호흡하며 세월을 읽는다.

몇 년 지나지 않아 쑥쑥 크는 나무가 있는가 하면 수십 년 혹은 수백 년이 지나도 세월을 정확히 가늠하기 어려운 나무가 있다. 비교적 햇수와 나무의 굵기는 비례한다고 볼 때 밑동이 굵은 나무가 오래 되었다고 볼 수 있겠다. 대관령 자연휴양림에는 굵기가 다른 나무들이 서로 다른 간격을 두고 서있다. 숲에 들어서자 초록 기운이 온몸을 감싼다. 도심에서 부딪치며 견뎌온 가슴앓이가 내려놔지면서 편안하다. 고향 어귀에 들어선 듯 행복이 차오르고 자라온 세월을 짚을 수 없는 크기의 나무들이 동네 골목처럼 반갑다. 나무 곁을 지난다. 그들의 말은 알아들을 수 없어도 나무의 가슴은 느낄 수 있다. 담쟁이덩굴이 타고 올라도 순연히 몸을 내어주며 함께 가는 따뜻한 심성이다.

나무동네를 거닐었다. 생명의 물을 끌어올려 짙푸른 옷을 입고 자신의 자리를 지키는 나무 사이를 걸었다. 쭉쭉 뻗은 나무 사이에 조금 휘어진 모습이 보인다. 가까이 가보니 투박하고 거친 결은 할머니의 깊은 주름을 닮았고 휘어진 채 흔들리는 가지와 이파리는 할머니의 팔과 손을 닮았다. 나뭇결을 쓰다듬어 보고 기대어 눈을 감았다. 할머니의 품이다. 외갓집에 가면 안기던 그 가슴이다. 그 품에서 해결되지 않은 문제는 없었다. 부채바람을 부쳐주며 쓰다듬어 주시던 할머니의 푸근한 모습이 보인다. 온몸을 훑는 시원한 바람에 눈을 떠보니 나무에 기대 행복해하는 여인이 있다. 할머니가 그리운 중년의 여인은 팔 벌려 나무를 안고 한참동안 그 숨소리를 듣다가 발길을 옮긴다.

싱싱한 나무들 틈에서 유난히 우람한 나무를 발견했다. 키는 구척 장수요 몸통은 씨름선수처럼 탄탄하다. 살아가자면 다른 나무들보다 생수가 많이 필요하고 햇빛도 더 끌어들일 것이다. 주위 나무들보다 양분을 더 취하며 약한 나무의 입장을 살펴주지 않을 수도 있다. 아버지가 그랬다. 하늘 아래 둘도 없는 권위로 당당했던 아버지, 우뚝 솟은 산이요 고독한 나무였다. 다 큰 자식들은 어려워하며 가까이 할 수 없었지만 철없는 새끼다람쥐는 나무를 타고 올라 그 품에서 놀았다. 안고 얼러주며 즐거워하시던 아버지였다. 위엄 있고 근엄할수록 마음 한 구석은 외로울 수 있다는 생각이 든다. 흙이 된 아버지를 누구도 탓하지

앉듯이 나무동네에선 아버지 같은 나무를 원망하지 않는다. 서로의 삶을 인정하며 함께 사는 나무의 마음이다.

숲의 가슴이 안온하다. 폐부에 스며드는 향긋함, 어머니의 향기다. 많은 나무들을 올곧게 설 수 있도록 붙잡아 주고 다독이는 어머니의 품이다. 삶이 고달플 때 어머니를 찾으면 평온을 되찾곤 했다. 문제에 쌓여 고뇌할 때도 어머니가 들려주는 이야기에 답답함을 날려 버릴 수 있었다. 깊고 깊은 어머니 마음의 호수는 깊이를 잴 수 없었고, 넓고 넓은 어머니 가슴의 넓이는 측정조차 할 수 없었다. 그 품 같은 나무동네를 마냥 거닐었다. 어머니의 사랑 가득한 눈빛에 일어서고, 다시 일어섰던 것처럼 숲의 정기를 받으며 새 힘을 얻는다. 세상을 향긋하게 살아갈 체취를 흠뻑 마신다.

나무동네를 돌아 나오는 길에 어린 나무를 보았다. 귀를 가까이 대어 보니 젖을 빠는 아기처럼 심지를 타고 흐르는 물소리가 힘차게 느껴진다. 어머니 젖가슴에 안겨 있으니 잘 자랄 것이다. 아빠나무, 할머니나무도 있으니 행복한 아기나무라는 생각이 들었다. 지금 내 곁엔 아무도 없다. 함께 호흡했던 고향 같은 가족이 없다. 하지만 숲에서 세월을 거슬러 만남을 가졌다. 할머니 손길을 느꼈고 용기를 주던 아버지를 기억 했다. 부드럽고 사랑 가득했던 어머니 같은 숲의 가슴에 안겼었다. 고뇌 많은 세상 살아낼 힘을 얻었다. 이제야 초록 숨이 쉬어진다. 초록 날개 펴진다.

곽영호

시 작 노 트

참, 아름다운 시간들입니다
놓아주고 싶지 않습니다

隨筆

곽영호

「문파문학」 신인상 수필 부문 등단, 동남문학회 회원, 문파문학회 회원, 제5회 동남문학상 수상, 저서 : 공저『시간 속을 걸어가는 사람들』 외 다수
e-mail 〈era3737@hanmail.net〉

마음으로 보는 그림

이것은 저리 가져오고 저것은 이리로 갖다 놓으라고 아내는 자기 손가락 부려먹듯 한다. 무릎 관절이 아픈 것이 이유요, 핑계다. 배추 몇 포기도 사서 들고 오지를 못한다. 한계점을 조금만 넘게 무거운 것을 들고 다니면 사단이 나는 다리다. 과체중은 아니라 조금만 조심을 하면 그런대로 지탱이 되어, 무거운 것을 드는 일은 철저히 금하고 있다. 그런 몸으로 아파트 공간에서는 전혀 가당치도 않은 엿 고는 일을 하고 있다. 시커멓게 늙은 사내가 시중든다고 뒤퉁스럽게 왔다 갔다 하는 그림이 내가 봐도 볼썽사납고 영 망측한 그림이다.

더더욱 못 마땅한 것은 반기고 싶지 않은 남부끄러운 일을 하고 있기 때문이다. 누가 보관을 잘 못하여 변질된 찹쌀을 아파트 쓰레기통 옆에 버린 것을 아깝다고 가지고 와서는 당치도 않게 엿을 곤다고 수선이다. 반말도 넘는 분량이다. 구접스럽게 그런 짓을 한다고 화를 내고 야단을 쳤다. 도로 갖다 놓으라고 해도 코로도 안 듣는다. 가난한 농부의 딸로 태어나 농사만 짓고 살던 사람의 눈이라 다르게 보였던 모양이다. 쓰레기통에 버려진 쌀 한 톨이 지나온 자신의 삶의 한 귀퉁이가 버려진 것 같았나보다. 내가 졌다. 썩은 쌀이 최고의 단맛으로 변신하여 새롭게 태어나기 위해 며칠째 나를 괴롭히는 활동사진을 찍고 있다.

일하는 것을 좋아하고 일을 잘하는 사람이라 일이 없으면 일을 만들어서도 하는 사람이다. 내 눈에 없어지지 않고 언제나 남아있는 아내의 잔영은 일하는 그림뿐이다. 오로지 일밖에 모르고 평생을 살아온 사람이 이제는 수족이 마모가 되어 두 다리를 쓰다듬고 한탄하는 그림을 그리고 있다. 농사짓고 살 때도 아내는 농사일이라면 도인에 가까웠다. 힘든 호미질이고 무슨 일이든 하루 종일 하는데도 힘들다는 말 한마디 하지 않는다. 그렇다고 게으름을 피우는 것도 아니다. 농사꾼이라고 떠벌리고 다니는 나보다 몇 배나 일을 잘 한다. 오히려 지나치게 극성스럽게 보여 눈살을 찌푸리곤 했다.

지난여름이었다. 읍 면 지역에서 조그마한 제조업을 하는 누님댁을 방문했다. 공장으로 쓰고 남은 땅에다 농사를 짓는다. 모처럼 들렸는데 아내는 밭에 풀이 많다며 팔순이 넘는 손위 시누이를 보고 밭을 매자고 자청을 한다. 노구를 이끌고 둘이서 다정하게 밭을 매고 있는 뒷모습을 보고 있자니 마치 잘 그려진 그림 한 폭을 보는 듯했다. 일을 일이라 생각하지 않고 일을 놀이라 생각하는 사람처럼 움직임이 부드럽고 아름답다. 앉아 있기도 힘든 더위인데 어떻게 저런 흥겨운 모습이 나올까? 석양 노을을 지고 너무나 익숙한 리듬으로 밭매는 두 사람의 뒷모습을 지그시 지켜본다. 어느 그림이 저리 감동적일까? 밀레의 '이삭 줍는 사람들' 만큼이나 마음에 와 닿는 그림이다.

남들은 시누이올케 사이는 거북하다는데 거북스럽기보다 오히려 친자매처럼 보인다. 올케는 시누이를 고생스럽게 이 세상을 살다가 한 많게 저 세상으로 가신 시어머니를 대하는 마음이고, 시누이는 올케를 살얼음판에 내놓아 천방지축 푼수 떠는 동생을 지켜주는 딱한 사람으로 보는 모양이다. 측은지심으로 바라보는 서로의 마음이 어우러져 만들이진 사이다. 그런 감정을 이들은 말로 수다를 떠는 것이 아니라 일하는 것으로 서로의 감정을 삭이고 푼다. 그렇게 서로가 의지가 되어 겨울 김장이며 큰일을 함께 하는 것이 일상이 되고 말았다. 언제 봐도 묵은 찌꺼기가 녹아내리는 새 그림이다.

뽀얗던 엿물이 붉은 빛을 띠기 시작한다. 환골탈태하여 새로워지고 있다. 지난 날 어머니는 쌀이 없어 곡식 중에 제일 영양이 없는 수수로 엿을 고았다. 쌀로 엿을 만들면 엿도 많이 나오고 힘도 덜 들지만 수수엿은 힘은 곱절로 들고 나오는 엿의 양은 신통하지 않다. 추운 겨울 전기불도 없는 어두운 부엌에서 어린 자식들을 위해 한 조각의 엿을 얻으려고 뼈 부러지는 고생을 하셨다. 엿은 먹어 없어졌는데 머리에 흰 수건 깊이 눌러쓰고 밤새워가며 엿 고는 모습은 영원이 지워지지 않는 그림으로 남는다.

엿 고는 일을 마무리 하여 조청 엿을 단지에 담아 놓으니 그득하다. 맛 좀 보라고 한다. 꿀맛은 알알한데 조청 맛은 부드럽고 담백하여 순수한 옛 고향의 정취가 묻어나는 어머니 맛이다. 쓰레기이었던 쌀이 대변신을 하였다. 쌀 한 톨을 목숨처럼 여기는 착한 마음도 녹아 있다. "애들 와서 먹을 때 쓰레기 더미에서 주서 온 거라고 하면 메스껍다고 캑캑거리겠지?" "쓸데없이 그런 말을 왜 해," 소리가 크다. "거짓말 하지 말고 사실대로 말 하라고 했잖아." "묻지 않는 말을 왜 하냐-고!" 온순하던 단맛은 온데간데없고 그림이 사나워진다.

남들은 집에다가 유명 화가가 그린 좋은 그림을 걸어 놓고 산다. 우리 집엔 그런 그림은 한 점도 없다. 그 대신 색 칠하지 않은 실제 정물, 움직이는 그림을 보고 산다. 그 그림은 눈으로 보는 그림이 아니다. 가슴으로 마음으로 보는 그림이다. 일하는 그림이 빛바래지 않았으면 좋겠는데 오늘도 "아이고" 소리가 먼저 나온다.

단짝

어! 이게 누구야? 종삼이 아냐. 우연찮게 재래시장 골목을 지나다 언뜻 보이는 모습으로 긴가민가하게 찾아낸 얼굴이다. 기억하기 어려울 만큼 세월이 흘렀다. 서로가 반갑기보다 쭈뼛거려 진다. 이마는 메뚜기처럼 뒤로 넘어 갔고 퀭한 눈빛이며 빛바랜 옷차림에 멀리서 봐도 등이 굽어 눈 설게 보인다. 기운찬 기색이라고는 눈곱만큼도 보이지 않고 체념한 사람같이 인파에 밀려 땅만 보고 걷고 있었다. 이십대 초반 소싯적에 나와 아삼륙이던 짝꿍을 생각지도 않게 만났다.

그는 내가 철없을 때 어느 정치인을 만나 멋모르고 따라다니다가 만난 친구다. 나이도 엇비슷하여 선거 때 소위 캠프라고 하는 여관에서 먹고 자고를 함께하던 도반이다. 옛날이나 지금이나 선거판이라는 것이 심야 회의 같은 제법 결연한 요식행위도 있지만. 정탐과 계략 권모술수가 한데 뒤섞여 어지럽게 춤을 추는 곳이다. 선거를 치르는 동안은 부글부글 끓는 가마솥 분위기라서 그들과 함께하면 묘하게 짝패가 자연스럽게 만들어진다.

와중에도 종삼이는 항상 느긋하여 재치와 유머가 남달라 주위에 긴장을 풀어주는 능력이 있는 천부적인 재담꾼이었다. 짓궂은 나와 제법 똥창이 맞아 '오성과 한음' 소리를 들어가며 돌아다니던 단짝패였다. 정치적 과도기 때 선거판 패거리들은 말로만 떡을 하는 사람들이 모이는 떼거리들이다. 되지도 않는 허무맹랑한 일에 매달려 스스로 광분하는 사람이 대부분이다. 창조하는 비전보다는 험담으로 세상을 비판하길 즐긴다. 때문에 자기의 현실이 희망이 없어 비참하고 한심하기 짝이 없는 따분한 적자인생이 모이는 곳이다. 죽을 병이 들면 무당 불러 굿을 하는 격으로 막판에 지푸라기라도 잡아보려고 쫓아다니는 신세들이다. 그 속에서 만나 짝꿍이 되었다.

장가들고 나서부터 야망이 있으면 모를까? 개가죽을 벗겨 먹어도 남의 들러리 서는 일은 하지 말라는 주위의 강권으로 그 바닥을 벗어났다. 시골 정치도 마약 같아 그 후로도 몇 번은 더 기웃거렸지만 그때처럼 열성 당원은 아니었다. 종삼이는 다른 주군을 찾아가므로 인연이 끊어졌다. 그 후 간혹은 본적이 있지만 오랫동안 연락도 없고 만나지 못해 잊어지던 사이다. 평생을 그 바닥에서 지냈다고 한다. 요즈음은 나이 먹어 사냥 끝난 사냥개가 되어 연고가 조금 있는 어느 시골농장에서 지내고 있다고 한다. 지나간 과거에는 저마다 부끄러움이 있다. 내가 그런 짓거리를 하고 다녔다는 사실을 지금은 아는 사람이 별로 없다. 감추어두었던 편린이 들추어진 기분이라 찜찜하지만 옛 짝꿍 맛이 그리워 골목 선술집에서 대취한다.

짝꿍은 대개 감성이 여린 청소년기나 젊은 시절에 많이 만들어 진다. 생각이 같다고 하지만 그보다는 첫 느낌이 좋으면 달라붙게 마련이다. 여학생들이 단짝이 되면 화장실에 갈 때나 물을 먹으러 갈 때도 창자를 맞이은 것처럼 따라다닌다. 그와 나도 그랬다. 잠시도 떨어지지 못하고 그렇게 붙어 다녔다. 한동안은 계집애같이 간사스레 간사를 떨어 간사 병에 걸린 병자처럼 둘이서만 놀아 주위에 눈총을 받았다. 단짝으로 의기투합하여 무엇을 얻으려 했는지 지금에 와서 생각해보면 한심하기 짝이 없다.

살아오면서 손꼽히는 짝꿍이 몇 있다. 청소년 시절 고향에서부터 지루한 군대생활을 하는 동안에도 서로가 의지하려고 짝꿍이 만들어졌다. 변치 않고 영혼이 함께 할 줄 알았다. 짝꿍도 저마다 가야할 인생길은 달랐다. 각자의 삶의 영역을 찾아 헤어지는 것이 인생살이다. 죽고 못 살도록 절친한 사이라도 결국은 물방울 떨어져 산산 조각나듯 풍지 박산이 되고 만다. 그런 줄도 모르고 각박한 사회생활을 하면서도 나보다 조금 더 커 보이고, 낮아 보이는 사람이 있으면 단짝이 되고 싶었다. 뺑을 쳐 가면서도 친절하게 지내려고 바짝바짝 다가섰다. 참 허망하고 비굴한 꿈을 꾸었다.

단짝을 만들어 마음을 나누며 사는 것이 덧없는 짓이라는 것을 머리가 희끗해지면서부터 알았다. 다정도 병이라고 짝패를 이루면 손해도 따른다. 둘이 똘똘 뭉쳐 하나 같이 단짝이 되면 조직이나 무리는 시기하는 눈빛으로 본다. 조직과 한 덩어리로 한판으로 어우러지지 못하면 정보를 얻지 못해 자연히 따돌림이 되고 만다. 폐쇄가 되어 얻는 것보다 잃는 것이 더 많아진다.

또 단짝도 영원하지 않다는 걸. 언젠가는 찢어지고 갈라져서 증오가 생겨 가슴앓이를 한다는 걸. 몇몇 짝패를 놓치고 나서야 철들자 망령 떤다고 뒤늦게 겨우 알게 되었다.

사람 사는 것이 사람 사귐이다. 편협하게 누구를 미워하는 것이나, 이 사람은 내 편이라고 감싸안고 곱게 보는 것도 죄 짓는 일이다. 쓰는 사람 못 쓰는 사람하며 사람이 사람을 저울질 하는 것도 또한 죄악이다. '애도 좋다 어른도 좋다' 하고 둥글게 사는 것이 젤로 편하다. 짝꿍 없이 살아보니 세발 장대를 휘둘러도 걸리는 것이 없어 좋다. 원만한 대인관계란 어느 한쪽으로 치우치지 않고, 어느 누구도 차별 없이 친절한 마음으로 대하는 것이다. 고로 단짝은 애착이다. 애착은 만들지도 말아야하고 있으면 잡초 뽑듯 끊어버려야 한다. 종삼이도 그렇게 지나간 한 시절의 점이었다.

끝 꽃

추석 연휴가 끝이 났다. 삼백 육십 오일이 연휴인 사람도 고개 하나를 넘은 기분이다. 남들은 명절이 즐겁다고 하는데 나는 도무지 무슨 멋인 줄도 모르겠고 뭔 맛인지도 모르며 아무런 뜻도 의미도 없이 지낸 것 같다. 그렇다고 큰 걱정거리가 있는 것도 아니고 슬픈 일이 있는 것도 아니면서 까딱 없이 기분이 짐짐하다. 주변머리가 없어 고향에서 멀리 떨어져 살지도 못해 밤잠 설쳐가면서 고향 찾아가는 설렘도 없다. 그냥 세월이 따분할 뿐이다. 서늘한 새바람을 맞고 싶어 동네를 한 바퀴 빙 돌고 들어오는데 아파트 담장 울타리에 힘겹게 장미 한 송이가 피었다. 철 지난 끝 꽃이다.

자리에 돌아와 길게 앉았는데 자꾸 빨간 장미꽃이 눈에 밟히고 아른거린다. 꽃피는 계절이 아닌 시기에 장미는 꽃을 피워 올렸다. 억척스레 기어오르던 장미넝쿨은 잎이 얼추 떨어져 빈 몸이 다 되었다. 꺾인 가지도 있고 잎 없는 줄기가 회춘을 한 듯 새순을 돋아냈다. 장미는 무슨 의미로 무슨 욕심으로 마지막 줄기를 세워 꽃 한 송이를 피워 냈을까? 장미도 한 세상 살아가는데 미련이 있고 아쉬움이 있나 보다. 기를 쓰고 악을 쓰는 것 같다. 꽃송이는 왜 그리 작아 보이는지 아름답기보다 처절하고 가련하게 보인다. 꽃을 보고 온 마음이 저녁연기처럼 가라앉는다.

괜한 생각을 하다가 앉은 채로 스르르 잠이 들어 낮 꿈을 꾼다.

흰 머리카락 날리며 내외가 산자락 끝에 매달린 산밭을 매는 꿈을 꾼다. 하늘도 안보고 먼 산도 안보고 땅만 보고 밭을 맨다. 가끔은 힐끔힐끔 서로의 얼굴을 쳐다보기도 한다. 산 아래에는 새 집이 아니고 새집만한 둥지가 있다. 뉘엿뉘엿 해 지기 전에 내려와 무슨 죄가 있고 뭔 낙이 있다고 침침한 외양간에 갇혀 룸서비스만을 기다리는 소, 누렁이를 끌고 나와 야들한 풀밭에서 귀에 익은 워낭소리도 만들어 본다. 갓 낳은 달걀의 따스한 온기를 두 손으로 받아 가슴에 닿게 하여 들국화 빛 웃음을 살포시 흉내 내보기도 한다. 둘이서 다툼하다 깨진 접시 조각만하게 달이 떠오르면, 이제 막 정들고 길들기 시작한 강아지가 할낏거리고 앞서 가는 걸음을 따라 가면서, 외딸게 핀 가을꽃의 향기를 맡아 보는 꿈이다.

부스스 꿈이 깼다. 구절초 하얗게 핀 꿈의 세계가 생시처럼 오롯이 기억되어 사르르 펼쳐지고 살아난다. 내 영혼을 만나고 온 것 같다. 쇠못에 덕지덕지 녹이 슬어도 아무런 타박 없이 자석에 달라붙듯 그리운 나의 동심의 세계에서 뛰어 놀다가 온 느낌이다. 물이 얼어 얼음이 되고 얼음이 녹아 물이 되듯이, 금새 나 떠나온 그 시절 그 옛날을 보고 온 것 같다. 숫하게 많아 이가 지긋지긋 하게 갈리던 돌멩이도 안 보이고 까까 비탈 좁은 골짜기는 늙은 어머니 품속 같았다. 한 줄기 가녀린 가을꽃이 실루엣으로 남는다.

흐드러지게 피지도 않고 어쩌다 오다가다 꽃이 피는 가을 녘으로 내가 스며들었다가 왔다. 가을꽃은 여름날 꿈을 이루지 못한 아쉬움이 숨어있는 꽃으로 보인다. 장미는 봄부터 여름까지 부지런히 살아오면서 탐스럽고 빛깔 좋은 꽃을 무수히 피워냈다. 그러면서도 찬 서리가 내리는 줄도 모르고 노욕 많은 늙은이 옹고집 부리듯 끝끝내 꽃을 가슴에 달으려고 몸부림을 친다. 꽃 몽우리가 작으면 어떻고 꽃빛이 짙지 않으면 어떠랴 아랑곳하지 않고 고집스럽게 꽃을 피운다.

꽃은 희망이고 꿈은 바램이다. 나도 잎 떨어진 장미처럼 마지막 한 송이 꽃을 피워 올리면 좋겠다. 꿈은 태어나고 자라난 곳에서 꾼다고 했다. 소싯적 꿈을 이루지 못한 아쉬움 때문일 것이다. 어릴 적 그 시기, 그 자리가 나의 토양이고 내 나무의 밑동이며 줄기다. 어릴 때 만든 꿈을 이루지 못 했으면 아쉬운 미련으로 남는다. 언제나 이루고 싶어 한다. 흙에서 자란 내 마음의 꿈도 흙 속에서 흙 꽃으로 피워야한다. 늦은 꽃이라 보잘 것 없으면 어떠랴. 꿈에서도 빨간 장미를 빨간 고추잠자리가 톡톡 건드리고 갔다.

좋은 소리, 그리운 소리

화려하게 봄이 지나가고 있다. 창문은 아직 가슴을 열지 않고 닫혀있는 봄날의 오후, 봄의 아우성이 차단되어 집안은 고요가 흐른다. 시야가 막힘없이 넓게 보이는 자리에서 하늘을 내다본다. 먼 하늘에 손바닥만한 하얀 비행기가 지나간다. 비행기도 길 따라 다니는지 이 끝에서 저 끝으로 지나가고 나면 또 하나가 나타난다. 비행기 소리가 대단할 텐데 파란 구름이 모두 삼켜버려 하늘은 평화롭다. 사람이 만드는 소리가 제아무리 커도 하늘이 만든 천둥소리보다는 어림없다는 듯 하늘은 소리가 없다.

달그락 달그락 아내의 설거지하는 소리가 정적을 깬다. 살아가는 우리의 삶에는 소리가 난다. 쏴 하고 내리는 수돗물은 깊은 계곡 폭포수 쏟아지는 소리 같고, 잘그락 잘그락 그릇 부딪치는 소리는 산사에 풍경소리를 닮는다. 바글바글 찌개 끓는 소리는 파란 싹 같은 우리 아이들 약동의 소리다. 하지 않던 콧노래도 흥얼거린다. 즐거워서 하는 것은 아닐 상 싶어도 그다지 거북하게 들리지는 않는다. 빨래 개는 소리며 작은 소리로 비질하여 뽀독뽀독 걸레질 치는 소리도 맑은 소리다. 살림하는 소리를 가만히 들고 있으면 정답고 좋은 소리로 들린다. 가끔은 그릇 깨트리는 소리도 청양하게 들릴 때도 있다.

정적이 오래 머문다. 어릴 적 고향의 소리가 더듬어진다.

고향 집 어둡고 깊은 부엌에서 무겁고 커다란 무쇠솥뚜껑 부딪칠 때 절그렁 쩔그렁 울리는 소리가 들린다. 아궁이에 화드득 화드득 나무 타는 소리도 아직은 보이는 소리다. 허둥지둥 치맛바람 일으키며 분주히 드나드는 어머니의 발걸음 소리며, 마당 우물가에서 푸성귀 다듬어 씻는 소리는 싱싱한 소리다. 낡은 부엌문 찌그럭거리는 소리는 다시 들어도 그리운 소리고. 뉘엿뉘엿 해 질 때 좁디좁은 두렁길로 늙은 암소와 단둘이서 아주 작은 목소리로 "이러 이러" 하며 소 몰아 집으로 돌아가는 소리도 잊히지 않는 나의 소리다.

자연도 움직여지면 소리가 난다. 검은 구름이 모여들면 비가 오고 천둥이 친다. 하늘은 큰 소리로 미약한 인간들을 어찌할 바를 모르게 흔들어 놓는다. 야단치며 혼쭐내는 소리를 한참을 듣고 나면 가슴이 서늘해지고 자신을 되돌아보게 한다. 들릴 듯 말 듯 내리는 밤비 오는 소리는 그리운 임의 목소리 같아 다시 듣고 싶어 귀를 열게 한다. 꽃잎 사이로 부는 꽃바람소리와 찰락찰락 호숫가에 물결 부딪치는 소리는 꿈을 찾아 가라는 자연의 소리다. 푸른 보리밭 위로 소스라치게 날아오르는 종달새 소리도, 밤새도록 슬프게 우는 소쩍새 울음도 우리의 소리다. 사춘기 때는 가을 밤 풀벌레 우는 소리가 여인의 울음소리보다도 더 처절하게 들리던 소리였다.

시 공부를 하면서 유명인들이 하는 시 낭송이나 암송하는 것을 종종 듣는 기회가 있다. 가끔은 나도 한다. 차분하게 배경음악이 흐르고 그윽한 조명으로 분위기를 만들어 읊조리는 목소리로 한다. 처음 들을 때는 그 음률을 이해하지 못해 따라가지를 못했다, 내가 할 때도 마음만 앞서 가지 생각대로 되지를 않았다. 할 때마다 미련과 후회가 남았지만 여러 번 듣고 낭송을 하다 보니 그것도 깊은 마음을 여는 감동의 소리다. 혼자서 입 속으로 중얼거려도 달빛이 들어주는 소리다.

옛 사람들은 마른 논에 물 들어가는 소리와 어린 자식 입에 밥 넘어가는 소리가 세상에서 제일 듣기 좋은 소리라 했다. 그 소리를 들으려고, 그 소리가 즐거워, 그 소리를 만드는 것이 삶이다. 나에게는 그 반대로 가슴 깊이 남아있는 소리가 있다. 술에 취해 정신없이 쿨쿨 자다가도 별안간 잠깨어 벌떡 일어나 보면 깊은 밤 골방에서 자식 놈 책장 넘기는 소리를 들을 때 가슴 뭉클하게 정신이 들었다. 그 소리가 이 세상에서 젤로 충만한 소리였다. 주택에서 살 때다. 긴 골목 오르는 언덕 아래 살았다. 이른 아침 비탈진 골목길에 젖은 머리를 팔락이며 촉박한 시간에 쫓겨 콩콩거리는 아가씨들의 구두 발자국 소리를 아침이면 자주 들었다. 활기를 불어넣어주는 소리이었다.

소리에도 색깔이 있고 예의도덕이 있나보다. 느낌이 안 좋아 귀 막고 피하고 싶은 소리가 있다. 겨울까마귀 꺽꺽 우는 소리와 게으른 놈 하품하며 오금 긁는 소리라 했다. 군기가 반듯하게 바짝 든 군인의 몸에서 나오는 탱탱하고 맑은 소리는 얼마나 좋은가, 우리 아파트 한 라인에 사는 나이 많은 총각이 겨울이고 여름이고 시도 때도 없이 언제나 반바지 차림으로 슬리퍼 찍찍 끌고 하릴없이 다니는 소리, 그 소리만 들으면 눈살이 찌푸려지고 속이 뒤집어지지만 그 소리도 참고 들어야 할 소리다.

세 치 혀로 하는 말소리는 쉽고 편하다. 하지만 말에는 요구하는 욕심과 지시하는 명령, 타박하는 미움이 있다. 차갑고 뜨거운 감정이 도사리고 있어 항상 위험하고 조심스러운 소리다. 입에서 나오는 말보다 행동에서 나오는 소리가 진솔한 소리이기 때문에 듣기가 좋다. 하늘이 노여워서 내뱉는 천둥소리도 정신 차리라고 경각심을 일깨우는 소리로 모두가 맑고 순수한 소리들이다. 자연에서 나오는 소리와 생활 속 행동에서 나오는 삶의 소리가 참 소리다. 삶이란 오로지 건강하여 일상에 소리를 부지런히 만들어내고 많이 듣는 것이 행복이다. 달그락거리고 퉁탕거리며 살림하는 소리가 귀에 익은 나의 오케스트라다.

서선아

시 작 노 트

저산에 단풍
내마음에 내려 색동으로 빛납니다

詩

서선아

「한국문인」 시부문 신인상 등단, 문파문학회 부회장 역임, 동남문학회 회장 역임, 경기시인협회 회원, 제5회 동남문학상 수상, 저서 : 시집 『4시 30분』, 공저 「시간 속을 걸어가는 사람들」외 다수 e-mail 〈ssaprincess@hanmail.net〉

01

왼쪽 어깨에 수건을 걸치고

왼쪽 어깨에 목욕수건을 걸친 그녀가
샤워부스 앞에서 비누질을 하고 있다
중년의 적당히 늘어진 뒷모습
머리에 쓴 두건을 벗고 밤송이 같은 머리에
비누질을 할 때 나는 보았다
그녀의 아픔을

캄캄한 터널 한구석에
밤톨보다 작고 무서운 그것이
둥지를 틀고 자라서
품에 안고 어르며 아기와
눈 맞추며 확인하던 연결 끈이
뭉텅 한 치의 여유도 없이
겨드랑이 살점까지 병원 수술실 접시에
올려주고 온 다음 그들의 소식은 모른다

다시 발 붙이지 못하게 방사선으로
마지막 남은 그들의 잔당마저 죽이느라
머리카락까지 덤으로 주고

다시 정신 차려 아이들 챙겨야 하기에
오늘 용기 내어 온천 왔노라고

조심스레 묻는 내게
답하는 엷은 미소가 목욕물 증기 속에 피고 있다

02

해가 지다

해가 서산 넘어 갔다
서산에 오르는 길 힘들어
가쁜 숨 몰아 쉬며
몇 번의 앰브란스 울림과
가족의 비상소집
진작 산 넘어 갈 때는 아무도 보지 못했단다

해는 늘 따뜻했고
모든 사랑이 그곳으로부터 나와
세상과의 연결 고리였는데
알몸으로 눈밭에 서있는 것 같다고
어깨를 들썩인다

고통 없이 편히 쉴 거라고
해가 없어 이제 깜깜해 어떡해 사냐는 말에
이제는 내가 스스로 태양이 되어 보라고
무한궤도를 돌며
누구든 따뜻이 보듬어 주면
또 살 수 있는 힘이 생긴다고

다독여 주고 뒤돌아 나오는데
새벽을 가르고 먼산에
아침 해가 오르고 있다

03

환선 열차*

사각의 통에서 뛰어나와
눈 쌓인 태백을 향해 달린다

냇가 눈밭 노루의 발자욱
한 모금 목 축이고 앙상한 가지에 몸 부빈 흔적
나도 오늘은 한마리 사슴

눈싸인 언덕 헐덕이며 오르는 열차
숨을 고르는 추전 역
멀리 보이는 너와집엔 낮 연기가 피어오르고
아득히 기억속의 연기
소나무 장작의 향수에 젖는다

강원도 지나 경상도
덜컥거림 익숙해질 때
해는 눈 부신 하얀 눈 산 위로 넘어가며 울고 있다

종일 눈밭을 헤맨 사슴
환선열차가 내려주는 곳 다시 그 자리
돌아온 내 비둘기장 나를 기다리는 불빛이 환하다

---

*환선열차 : 서울역을 출발하여 영동, 태백을 돌아오는 관광열차

04

색동 – 누에의 꿈

누에의 집을 얻어와

푸른 바다에 풍덩 담그면
가슴이 탁 트이는 바다색
진달래 지천인 산자락을 휘돌리면
새 색시 마음 같은 꽃 분홍
알알이 영그는 가을 들판
한 바퀴 돌면 황금색

바다와 들판 그리고 산자락
사각사각 가위질이
뽕 먹는 소리 내면

누에는 한잠 자고나
나란히 오방색* 걸치고
어느 명절 아가의
때때옷에
또 다른 꿈을 띄운다

---

*오방색 : 다섯 가지 전통 기본 색깔

05

분신 – 내 속고갱이 아들

가슴에 해 품은 열 달
정안수 떠놓고 두 손 모아
아침저녁 기도하며 기다리는
내 속고갱이

긴 기다림 끝
산실에 울리는 울음
바다를 박차고 오르는 아침 해다

강보에 싸인 어린 것 어르는 입가엔
웃음이 매달려 떨어질 줄 모르고
백일 떡 나르는 발걸음에 바퀴를 단다

입에 든 것도 내어 먹이고
너 원하면 하늘에 별도 따줄려고
장대를 밤하늘에 올려도 보았다

장대 끝 보이는 그곳까지 너의 꿈이 도달해
세상에 크게 울리거라 내 속고갱아

06

봄날

툇마루에 앉아 해바라기하다
발등이 따듯해 간지러워지면
꽃밭에 뛰어가 본다

있는 힘 다해 겨울을 밀고 나오는 봄
날마다
봄 마중하러 꽃밭으로 간다
세상 만나기 두려운지
손톱만큼 나왔다가
아기손가락만큼 솟아오른
연둣빛
해는 점점 높이 뜨고
새싹은 세상에 손 내밀어
봄을 만들고
소꿉놀이하는 계집애 얼굴
봄볕이 까맣게 앉았다

07

귀 앓이

나는 그를 고이었는데
그도 날 고이는 줄 알았는데
바람결에 가시가 달려 날아왔다
가시는 귀에 박혀 쑤시고
머리가 윙윙 돌고
밤마다 더욱 가시는 날 찔러대었다

찔러대는 가시 하나씩 뽑아 고운 구멍 내어
바늘 만들고
그 바늘로 비단옷 한 벌 지어
그대에게 보내 놓고
내 귀는 검룡소* 맑은 물로 씻어
귀앓이 말끔이 낫게하리
귀앓이 흔적도 없이

---

*검룡소 : 한강의 발원지 일년내 맑은물이 솟음

08

칠보산 소나무

그는 가문 좋은 곳에서 시집왔다
부지런히 일하여 푸른 잎 키우고
하늘 높이 키도 키웠다

어느 폭우에
초가삼간 떠내려 보내고
길가에 앉아 노점상하는 아낙이 되어
뿌리다 들어나 관절염 걸린 뼈마디 욱신 쑤셔도
꿋꿋이 자리 지키는데

오늘 뿌리에 걸려 넘어진 등산객 한마디
이건 왜 안 자른거야
불쑥 찾아와 어미에게 용돈 달래는 자식같이
투덜거리며 산을 올라도
그 자리에서 제 몫 하고 있다

시 작 노 트

이선숙

고무줄처럼 팽팽하던 삶이 느슨해져가는 시간속에서
석양빛이 물드는 벤취에 앉아 사랑을 노래하고싶다

隨筆

한국문인 수필부문 등단, 동남문학회 회원, 저서 : 공저 『네모속의 계절』 외 다수
e-mail 〈leess8489@hanmail.net〉

고양이와 매미 청개구리가 있는 집

3년 전 우연한 기회에 부동산 중개업을 하는 지인의 소개로 장호원에 허름한 시골집을 장만했다. 도시의 소음과 공해를 피해 맑은 공기로 숨쉴 수 있는 곳이었다. 오랫동안 비어있던 집은 뜰과 마당이 전부 잡초로 덥혀 있어 폐가나 다름없었다. 며칠을 걸려 풀을 뽑아내고 집 안을 쓸고 닦았다. 불편한 구조를 편리하게 리모델링하니 그런대로 살만한 집이 되었다. 마당에는 차 한 대의 주차공간만 남기고 채마밭을 만들고 뜰에는 각종 꽃씨를 뿌렸다. 3년이 지나자 뜰에는 예쁜 꽃들이 앞 다투어 피어나고 고추나 상추 들깻잎은 따먹기 좋을 만큼 자랐다. 며칠에 한 번씩 들러서 화분에 심긴 화초나 채마밭에 물을 주노라면 어김없이 고양이 한 마리가 찾아와 따라다니며 친구를 해준다. 집 없이 떠도는 고양이인 것 같다.

지난겨울은 다른 해보다 눈도 많이 내렸지만 유독 춥고 길었다. 5월에도 영하로 내려가는 날씨 탓으로 봄은 제대로 계절 구실도 못하고 여름에 등 떠밀려서 아쉽게 가버렸다. 꽃과 채소들도 6월이 다 되서야 어우러지기 시작했다. 매서운 날씨를 견디지 못하고 달고 큰 감이 주렁주렁 열리던 나무가 얼어 죽었다. 우리 집 뿐만이 아니라 동네의 감나무가 모두 다 얼어 죽어 베어 버린 집이 많았다. 나목이 되어 서있는 나무 밑은 고양이가 뭉개고 앉아 햇볕을 쪼이는 장소가 되었다. 잎이 없는 나무가 보기 싫어 울타리 콩을 심기로 했다. 콩을 심으면서 미안하지만 다른 곳으로 가서 햇볕을 쪼이라고 고양이에게 부탁했다. 신기하게도 고양이는 울타리 콩이 싹이 나와서 덩굴이 나무 위로 올라갈 때까지 그곳에는 얼씬도 안했다. 내 마음을 헤아리고 있는 듯하여 기특했다.

일하는데 정신이 쏠려 때를 놓치고 늦은 점심으로 빵을 먹고 있는데 고양이가 찾아왔다. 빵 한쪽을 떼어주니 허겁지겁 먹어 버렸다. 육식성 동물이지만 집 없이 떠돌다가 때를 건넜나 보다. 남아 있는 빵의 반쪽을 떼어주면서 우리 사이좋게 나누어 먹자고 말했다. 배가 부른지 베란다의 파라솔 밑에서 잠을 청하는 것을 보고 남은 일을 마저 하기 위해 일어났다.

며칠 후 장호원집에 가보니 엊그제 비가 온 탓인지 꽃밭과 상추밭에 풀이 무성하게 자랐다. 일하면서 먹으려고 사온 빵 두 개를 베란다의 간이 탁자 위에 올려놓고는 풀을 뽑고 있는데 연속적으로 고양이 우는 소리가 들렸다. 대수롭지 않게 생각하고 풀을 다 뽑고 나서야 허리를 펴고 베란다에 와보니 탁자 위에 빵이 한 개 밖에 없었다. 아마 고양이가 한 개를 먹어버린 것 같았다. 면목 없다는 듯 고개를 숙이고 나를 쳐다보지도 못하는 고양이를 보니 측은한 마음이 들었다. 아까의 고양이 울음소리가 배가 고프니 빨리 와서 빵을 나눠달라는 소리였나 보다. 웃는 얼굴로 의리 있게 빵 한 개를 남겨 주어서 고맙다고 말해 주었다.

한 낮의 뙤약볕을 피해 매미소리가 들리는 단풍나무 밑의 평상에 누웠다. 잎이 무성하여 그늘이 넓은 단풍나무는 여름의 전령사인 참매미가 놀러왔다가 한바탕 시원하게 울고 가는 곳이다. 참매미의 울음소리를 듣고 있노라면 세상사 모든 시름이 울음소리에 묻어 날아가는 듯하다. 지구의 온난화로 우리나라도 아열대기후에 가까워져 남방계열의 외래종인 말매미가 들어와 밤 낮을 가리지 않고 울어 소음공해를 일으키고 있으며 중국에서 넘어온 꽃매미는 발음기가 없어 울지는 못해도 포도나 과일나무의 수액을 빨아먹는 탓에 수확량을 대폭 감소시켜 농민들의 걱정이 많다고 한다. 지금 단풍나무에서 울고 있는 우리나라의 토종매미인 참매미는 곡식이나 채소에는 피해를 주지 않고 나무에 맺힌 이슬이나 수액을 먹고 산다. 우는 소리도 청아할 뿐 아니라 어두워지면 울음을 멈췄고 여름이 가면 미련 없이 떠났다. 머물 때와 떠날 때를 알고 울 때와 멈출 때를 알았다. 인간에게 신의를 지킬 줄 알았던 것이다.

우물가에 있는 사랑초 화분에는 청개구리가 산다. 물을 줄 때면 새끼손톱보다 작은 청개구리가 폴짝폴짝 뛰어 잎새 뒤에 숨더니 어느새 자라서 엄지손가락만큼 자랐다. 인두부분에 바깥울음주머니가 있는 걸 보니 수놈인가보다. 청개구리도 고양이와 함께 친구가 되었다. 청개구리에게 잘 있었느냐는 인사를 건네면 고양이도 궁금한지 옆에 앉아 이파리를 건드려 보지만 청개구리에게 해롭게 하지는 않는다. 어느 날 화분에 물을 주려고 하니 청개구리 두 마리가 이파리에 앉아 있었다. 울음주머니가 없는 걸보니 암놈이다. 꼭 배우자를 소개하려는 것처럼 꼼짝 않고 있는 모습이 기특하다. 가문도 조건도 보지 않고 둘이 만나서 사랑하는 모습이 평화롭게 마음에 와 닿는다.

아마도 이 두 마리의 청개구리는 겉으로 드러나는 화려함과 조건은 없을지라도 진정한 사랑이 담긴 이슬 한 방울 떠놓고 참매미가 불러주는 축가에 맞추어 혼례를 올렸을지도 모르겠다. 나와 고양이와 참매미가 하객이 된 셈이다. 장호원 집에 내려오면 각양각색의 꽃과 청량한 공기와 새들의 노래 소리가 나를 반긴다. 고양이와 청개구리가 친구가 되어 주고 초록의 나뭇잎 사이에서 가슴이 툭 터지도록 울어주는 참매미가 있어 더욱 정겹다.

뒤로 넘어져도 코가 깨진 날 2

기도회 모임이 있어 교회에 가기 위해 집을 나섰다. 간밤에 내린 눈이 내품는 차가운 공기가 콧속에서 폐로 그리고 전신으로 스며든다. 눈길에 차를 운행하는 것이 부담이 되어 택시를 탔다. 교회가 있는 곳은 광교신도시 공사로 도로사정이 복잡한 탓인지 택시기사는 달갑지 않은 표정을 지으며 출발했다. 길가에는 나목들의 가지마다 흰눈이 소복이 쌓여 겨울의 정취를 느끼게 하고 혼탁한 도심의 공기를 정화시켰다. 몇 번의 교차로를 지날 때마다 붉은 신호등으로 바뀌자 택시기사는 혼잣말로 재수 없는 날이라고 투덜댔다. 차가 멈추는 시간만큼 요금은 내주머니에서 나가는데 짜증내는 기사의 태도가 못마땅해 나도 기분이 나빴다.

큰길은 염화칼슘을 뿌려 차가 다니기에 괜찮은데도 택시기사는 길이 험하여 갈 수 없다면서 교회까지 꽤 먼 거리를 걸어가야만 하는 길 입구에서 나를 내려놓았다. 택시비는 다른 날보다 거의 갑절을 냈다. 나야말로 재수 없는 택시를 만났다고 생각하며 터덜터덜 걷다가 지난여름에 있었던 뒤로 넘어져도 코가 깨진 정말 재수 없었던 일들이 생각났다.

위암에 걸려 시한부 생명을 살고 있는 사촌동생이 안양여성병원에 입원했다는 소식을 큰언니에게 전해 듣고 같이 문병을 가기로 했다. 다음날 안양의 전철 내리는 곳에서 11시에 만나기로 약속했다. 서울에 사는 손아래 올케가 승용차를 가지고 역 밖에서 기다렸다가 우리를 픽업해서 같이 가기로 했다. 집에서 전철역으로 가는 중에 하필이면 내 앞의 차가 사고를 내는 바람에 시간이 많이 지체됐다. 환승 주차장에 차를 주차하고 바로 전철을 탔어도 약속시간보다 30분이나 늦었다. 언니에게 전화를 해도 연결이 안됐다. 역 밖에서는 올케가 주차할 곳이 없어 오래 못 기다리니 빨리 나오라는 전화가 빗발쳤지만 조급하기는 나도 마찬가지였다. 역에서 늦게 왔다고 질책하는 언니를 만나 서둘러 출구로 나갔다.

우리를 태우기 위해 역 근처에서 기다리던 올케는 주변을 세 바퀴나 돌았다며 화가 나 있었다. 차에 오르자 어디서 나타났는지 교통경찰이 나타나 주청차 위반이라며 면허증을 요구했다. 셋이서 사정사정 했지만 기어이 딱지를 떼고 갔다. 나 때문인 것 같아 마음이 편치 않았다. 병원에 도착해서 동생의 병실을 알아보니 사촌동생이 입원한곳은 안양여성병원의 암 병동으로 다른 곳에 위치하고 있었다. 무엇하나 제대로 풀리지 않고 어긋나는 일들이 황당했지만 다시금 차를 타고 암 병동으로가 동생을 만났다. 첫 결혼에 10년 동안 아이가 없어 이혼당하고 재혼을 해서 다행히 딸 하나를 낳아 10살이 되도록 잘 살던 동생이 피골이 상접한 모습으로 우리를 기다리고 있었다. 어린 딸을 위해 죽음을 늦춰보고자 혼신을 다해 투병생활을 하는 동생을 살아서 만나는 것이 마지막임을 예감했다. 너무 불쌍해서 함께 울었다. 좀 전까지 불편했던 마음들이 동생의 불행 앞에서 봄눈 녹듯 사라지고 안쓰러운 마음만 남았다.

동생과 헤어진 후 시간을 보니 오후 3시가 다 되었다. 그제 서야 시장기를 느낀 우리는 늦은 점심을 먹기 위해 병원을 나왔다. 장마철이라서 하늘은 금방이라도 비를 쏟을 것 같이 내려앉아 있었다. 올케가 지하주차장에 있는 차에서 우산을 가지고 오겠다고 말했다. 금방이야 비가 오겠느냐고 말리고 병원 건너편에 있는 칼국수 집으로 가려고 횡단보도를 건너는 순간 장대 같은 소낙비가 쏟아졌다 .빗줄기가 굵어 가방을 이고 뛰어가는 몇 분 동안에 옷이며 신발이 다 젖고 말았다. 젖은 옷을 입고 식사를 하는 내내 언니와 올케는 우산 가지러가는 것을 말린 나를 원망했다. 그 와중에도 나는 워낙 배가 고파 칼국수 한 그릇을 다 비웠다. 정말 맞아 떨어지는 일이 하나도 없는 날이었지만 시원한 바지락 국물로 뱃속을 든든하게 채우자 젖은 옷을 입고 있는 서로의 모습 때문에 웃음이 나왔다.

전철역까지 태워다주고 올케가 떠나자 언니와 헤어져 수원에 도착했다. 환승주차장에 세워둔 차를 몰고 아파트 지하주차장에서 내려 승강기 쪽으로 가는 순간 신고 있는 샌들 한 짝이 툭 끊어져 발에서 벗겨졌다. 비를 맞은 탓에 불어서 본드로 붙인 곳이 떨어진 것이다. 집에 다 와서도 내게 닥친 불운이 끝나지 않은 것이다. 끈 떨어진 신발을 주워들고 맨발로 걸으면서 제발 누구라도 마주치지 않기만을 바랬다. 다행이 승강기 앞에는 아무도 없었다. 문이 열리자 재빨리 올라타고 층수를 누르는 순간 승강기 문이 다시 열리며 아래층 아저씨가 탔다. 얼굴이 화끈거렸지만 눈인사를 하고 집에 들어와서도 마음이 진정되지 않았다. 생각할수록 뒤로 넘어져도 코가 깨진 날이었다.

기도회를 마치고 교우가 승용차로 집까지 데려다 주었다. 교차로를 지날 때마다 푸른 신호등으로 바뀌는 것을 보며 우리가 살아가는 삶의 조화가 느껴진다. 살다보면 가끔씩 붉은 신호등처럼 막히는 일들이 겹쳐 뒤로 넘어져도 코가 깨지는 날들을 만난다. 지혜로운 사람은 가장 암담할 때 가장 큰 희망을 본다고 한다. 순조롭게 풀리지 않는 일들을 참고 견디면 언젠가는 푸른 신호등이 들어올 것을 알고 있기 때문이다. 아무리 추운바람도 이미 스쳐간 바람은 춥지 않다. 사촌동생은 우리를 만나고 한 달쯤 후에 죽었다. 생각해보니 지금까지 건강하게 살고 있는 것도 감사하고 무엇보다도 그날 샌들 끈이 많은 사람들이 오가는 전철역에서 떨어지지 않은 것도 감사한 일이다. 재수가 있고 없고는 자기 마음먹기에 따라 결정되는 것이 아닌가 싶다.

마지막 인사

매섭게 날선 바람이 귓전을 때리는 한파가 연일 계속되는 날씨다. 신문이나 TV뉴스에 빠지지 않고 등장하는 구제역 소식이 한기를 더욱 느끼게 한다. 아침신문을 펼치자 살처분 될 송아지를 붙잡고 미안하다는 말로 마지막 인사를 나누고 있는 농부의 허탈한 표정을 담은 사진이 눈에 들어왔다. 송아지는 분신처럼 아끼고 보살펴준 주인의 옷소매를 핥는 것으로 마지막 인사를 대신하고 있었다.

TV 뉴스에는 감염되지 않은 소들이 도축장 앞에서 추위에 떨고 있는 모습을 방송했다. 어린 새끼와 함께 끌려온 어미 소가 새끼 송아지의 등을 핥고 있었다. 죽음을 예감한 어미가 새끼에게 마지막 인사를 하고 있는 것 같았다. 어미 소의 순한 눈망울을 적시고 흘러내린 눈물이 가슴을 아리게 했다. 창조주가 정하신 생성과 소멸의 원리 속에서 살고 있지만 육체가 소멸되는 마지막 의식에서 나누는 인사가 슬픔을 동반하는 것은 사람이나 짐승이나 다를 것이 없다는 생각이 든다.

성탄절 다음날 언니처럼 나를 아끼고 사랑해 주신 권사님이 소천 하셨다. 당뇨의 합병증이 신장 기능을 마비시켜 몇 년 동안 혈액투석을 하던 분이다. 주일 저녁 성가대 연습 때문에 일찍 왔다면서 주방에 오셨다. 성도들의 저녁식사를 준비하는 내

손을 꼭 잡더니 “추운날씨에 고생하는 구나” 하는 말로 위로를 하고 돌아서는 어깨가 다른 때보다 쇠약해 보여 마음이 쓰였지만 일손이 바빠 제대로 된 인사말조차 건네지 못했다. 저녁예배를 시작하기 직전 성가대 석의 권사님이 쓰러졌다. 구급차가 도착하여 병원으로 이송하는 도중 쇠잔한 육체에 남아 있던 마지막 생명의 불꽃이 꺼졌다. 조금 전 내손을 잡아주던 야윈 손의 온기가 아직도 내 몸에 흐르고 있는 가운데 준비 없이 맞은 사랑하는 사람의 죽음이 슬픔의 깊이를 더하게 했다. 절대자께서 허락하신 육십팔 년의 삶을 완성시키고 홀연히 떠나며 남긴 “추운날씨에 고생 한다”는 말이 마지막 인사였던 것이다.

생명을 유지하는 심장의 박동이 한순간에 멈출 수 있는 인생은 참으로 덧없다는 생각과 상실의 아픔으로 12월을 보내고 2011년의 새해를 맞았다. 년 초에 또 하나의 이별이 나를 기다리고 있었다. 뇌경색으로 쓰러져 한쪽 몸이 불편하신 어머님이 세상을 떠나셨다. 희로애락을 같이한 세월이 40년 가까이 흘러 내게는 친정어머니와 같은 분이다. 돌아가시기 며칠 전 나를 바라보시며 “에미야! 고맙다 그동안 애썼다”라는 말씀을 하시고 주머니에 있던 돈을 몽땅 털어 주셨다. 마음은 따뜻한 분이지만 속마음을 좀처럼 표현하지 않는 분이기에 이상한 예감이 머리를 스쳤다. 어머님의 손을 잡고 하나님께서 정하신 삶을 마치는 순간까지 육신의 고통이 없는 평안으로 인도해 달라고 간절히 기도 드렸다.

며칠 후 어머님은 84세의 생애를 주무시는 가운데 마치시고 천국에 가셨다. 어머님의 육신을 안장하기 위해 파놓은 묘지의 진한 흙냄새에서 사랑과 생명의 근원인 어머니의 냄새가 배어 나오는 듯하다. 일제강점기와 동족간의 전쟁을 겪으면서 가난한 질곡의 삶을 살아오신 어머니는 내게 고맙고 애썼다는 마지막 인사말을 남기고 흙으로 돌아가기 위한 의식에 순응하고 땅에 묻혔다. 더 잘해드리지 못한 후회가 말초신경을 타고 흐르자 아릿한 아픔이 가슴을 훑고 지나갔다. 수많은 사람 중에 고부간으로 만난 소중한 인연의 한 자락을 눈물과 함께 취토하는 삽 위에 얹어 어머님과 함께 묻어 드리고 선산을 내려왔다.

함박눈이 내려 온 세상을 하얀색으로 두껍게 도배를 했다. 우리부부가 죽기 전에 해보고 싶은 일 중의 하나가 아무도 가지 않은 하얀 눈길을 손잡고 걷는 일이다. 가라앉은 마음을 달랠 겸 동문과 방화수류정 사이의 성곽을 걷기로 하고 길을 나섰다. 사랑하는 사람들을 하나 둘 떠나보내는 인생이 참으로 짧다는 것이 절실히 느껴지는 겨울날에 아무도 가지 않은 눈밭에 둘만의 발자국을 남기며 걸었다. 손끝에 전해오는 남편의 손길이 뼛속까지 시리게 하는 매운 바람을 잠재우는 따뜻함으로 전해졌다. 언젠가는 우리 부부도 서로에게 마지막 인사를 나눌 때가 올 것이다.

이루어지지 않는 꿈들이 안타까워 발을 동동 구르던 시절도 지나고 집착과 욕심으로 짊어진 멍에를 한 고삐씩 내려놓을 나이가 되었다. 하찮은 탐욕으로 남은 삶을 마모시키기엔 아까운 시간들이다. 은하수처럼 고요하게 흐르는 사랑을 가슴에 퍼 담아주는 부부가 되어 서로의 영혼의 거울을 닦아 주면서 아름다운 마지막 인사말을 준비해두기로 약속했다. 그때를 위해 조금 더 따뜻한 삶을 가꾸며 내가먼저 손을 내밀고 베푸는 삶을 살아가는 연습을 하며 살고 싶다. 지금은 시퍼렇게 날을 세운 바람이 목덜미를 할퀴고 지나가지만 얼마 후면 산 너머 저만치서 따사로운 햇살을 머금은 봄바람이 겨울의 찬바람을 몰아내고 달려올 것이다. 봄을 기다리는 마음이 성곽을 덮고 수북이 쌓여있는 눈 속에서 너그러움과 여유를 느낄 수 있었다.

김영숙

시 작 노 트

항상 내 곁에서 행복을 주는 나에게 주
어진 선물
시… 시인의 향기가 나는 나이고 싶다

詩

김영숙

「한국문인」 신인상 시부문 당선, 동남문학회 부회장, 문파문학회 운영이사, 경기시인협회 회원, 새한국문학회 회원, 저서 : 공저 『달빛 한 번 더 흔들어 나를 들어다 본다』 외 다수 e-mail 〈ysk9898@daum.net〉

01

그곳에 가면

성남 도촌동
그곳에 가면 작은 내 고향이 있다
빌딩 사이를 지나
맑은 개천이 흐르고
항상 웃으며 반겨주시는
친정부모 같은 분이 계신 곳

봄이면
각종 야채 직접 심어 고기파티 하고
여름이면 개천에 발 담그며 먹는 수박 맛
포도넝쿨 수많은 포도송이에 추억이 주렁주렁
열리는 곳
가을이면 군고구마 구워먹고
겨울이면 모닥불 피우며
그리운 친구들과 정을 나누는 곳

그곳에 가면
내 고향 잠시 마실 나온 것 같다

02

날아옵니다

민들레꽃이 피었습니다
민들레 홀씨되어 날아갑니다

방사능이 날아옵니다
불어야 되나
말아야 되나
고민 고민 합니다

비가 옵니다
맞아도 되나
피해야 되나
고민 고민 합니다

이천십일 년
봄은
참 무섭게 오고 있습니다

03

달팽이의 눈물

이 밭 저 밭에 사는 달팽이
살아 있는 동안은 평생 보자며
만든 모임 날

가슴이 아파 수술한 달팽이
머리에 예쁜 가발을 쓰고 자리에 앉아 있다
얼굴도 많이 좋아 보인다며 한마디씩 건넨다.

수술 전 미용실 가기 힘들었다며
말하는 그녀
미용실 창문을 걸어 잠그고 커튼을 닫아주며
조심스럽게 머리카락을 밀어주고
향기 좋은 샴푸로 정성 드려 머리를 감겨주더니
빨리 완쾌하시길 빈다며 요금도 받지 않고
웃어주던 천사 같은 미용실 원장 마음에
울지는 않았단다

순간
정적이 흐르고 서로를 쳐다보지 못하는

달팽이들

그 손길이 너무 아름다워서인지

아픈 달팽이 때문인지

괜한

방바닥만 손으로 자꾸 긁고 있다

04

당신을 향해 피는 꽃

국화꽃이 피었습니다
돌아오는 길 옹기종기 모여 있는 화분 속에서
적당히 피어 있는 화분 하나 골라 가슴에 안았습니다

처음 안아본 국화 화분
왠지 자꾸만 겉 눈질하다
잔잔한 향기에 나도 모르게
깊은 숨을 쉽니다.

해가 잘 드는 거실 창가
어제보다 더 활짝 피우고 있습니다
당신이 날 선택함으로써
난 당신을 위한 꽃이 되었다고
환한 미소 날리며 웃고 있습니다

난 당신의 꽃입니다

05

벚꽃

필 때도 지 맘대로 피더니
질 때도 제 맘대로다
저 홀로 피었다가 저 홀로지는
꽃잎을 보면 가슴이 시리도록
허전함이 밀려온다

온 세상 덮을듯하더니
돌아서면 꿈만 같고
짧은 추억이 된다

불꽃처럼 사랑하다 운명처럼 헤어진
여인같이 밤에 핀 벚꽃은 더욱 애틋하다
찰나에 와서 이슬처럼 사라진다

벚꽃은 사라져도
추억의 벚꽃은 늘 그 자리에 있다

06

분신 – 나의반쪽

나의 분신 반쪽은

늘 곁에 있다는 것만으로도
내 삶에 뚜렷한 영향을 미치는 것

늘 곁에 있다는 것만으로도
내 삶이 만족스럽다는 것

늘 곁에 있다는 것만으로도
내 삶에 밝은 등불이 켜진다는 것

늘 곁에 있다는 것만으로도
사랑이 향기롭게 채워진다는 것

나의 분신 반쪽은 그런 것
항상 같이 있어야 빛을 발하며
예쁜 꽃을 피울 수 있다는 것

07

청춘아

청춘아
내 청춘아 어딜 갔느냐~~~
할머니 한 분 버스 속에서 옛날 유행가를 잔잔히
부르시며 옆자리 나를 쳐다보신다
젊어서 많이 다녀야 한다며
할머니 눈엔 내가 청춘인가 보다

노인정에 가면 화투만 쳐 허리 아파
산에 왔는데 그나마 눈이 와 미끄러워
운동도 못하고 집으로 가는 길이란다

할머닌
인생 종착역이 보인다며 속에서 불이 난단다
불이 난다는 건 이루지 못한 꿈들 때문일까
아님 버스 유리창에 비친 백발의 자신을 보니
믿기지 않아서일까
처음 본 나에게 말을 계속 하시는 할머니

늙는다는 거

이처럼 받아들이기 힘든 현실이구나
청춘이 가면
지나온 세월이 그립고 아쉬워지겠지
괜스레 눈이 흐려진다

08

하루 안에 일 년

일 년은
365일
난 일 년이 하루 안에 있다

싱그러운 이슬을 머금은 채
기지개를 켜며 눈뜬 아침 햇살은
나에겐 산뜻한 봄이야

뜨거운 태양이 내리쬐는 도심 한복판
한 마리 개미 되어 빌딩 속을 땀 흘리며 헤매는
나에겐 뜨거운 여름이야

태양이 서서히 지쳐 시들해질 쯤
열심히 모아온 풍성한 나의 곡식을 거두는
나에겐 풍성한 가을이야

저녁노을 맛을 보며 무거운 짐 내려놓고
나의 보금자리에 쉬고 있는
나에겐 포근한 겨울이야

그렇게 하루가 가고
나에겐 또 하나의 일 년이 지나가는 거야

안일균

시 작 노 트

다가가면 갈수록 더 멀어져 가는 상념들
오늘도 메뚜기처럼 꿈속에서 너를 쫒
는다

詩

회색도시
봄비
내 안에 그대가 있다
잡 초
한번쯤은

안일균

동남문학회 회원, 저서 : 공저 『알 수 없는 속삭임』 『무수한 별들이 엿듣고 있다』 외 다수 e-mail 〈nadaroge@hanmail.net〉

01

회색도시

나지막한 토담집이
밤사이 썰물에 밀려가고
밀물에 선지창이 하늘에 걸려 있다

마천루摩天樓 한 공간
누군가 한숨을 쉬며
그들만의 하늘을 만들었다

콘크리트의 진동
사람들의 불협화음이
맹수처럼 그들의 심장 속에서 끓는다

산촌에 뿌리를 내리며
고향에 다리를 뻗던 관목들은
콘크리트에 머리를 처박고
참새들은 동토의 땅에서 갈 곳을 잃었다

솔아 솔아 푸른 솔은
고무줄에 묶여 맥없이 솔방울만 매달고

대나무는 삭발을 하다가
어느 날, 옹벽 담장 밑에서 말라 죽었다

미명의 아침
19층에서 지하주차장까지
스카이 드롭 35초!
낯선이의 맥박이 꿈틀거린다

02

봄비

황소바람처럼
시샘도 없이
영혼을 깨우려 우리에게로 왔다

약속도 없었는데
황매화, 목련이 서로 인사를 하고
수수꽃다리는 수유를 머금고
동면에서 깨어나 기지개를 켠다

세슈, 요오드 다 잊고
옷을 벗고 가슴을 열면
설레임도, 두려움도 낯설지 않다

내 마음에 봄비가 내리면
내가 질주하는 역사만큼이나
행복도 소리 없이 나를 쫓는다

03

내 안에 그대가 있다

내 안에 다른 사람
두 손 마주 잡은 백년가약으로
그대와 꽃밭을 만들었습니다

천상의 인연이라지만
날이 새면 수많은 언약들도
아침이슬처럼 한순간에 사라져 버리고
부질없는 꿈들을 위하여
그대 가슴에 아픈 상처만 새기며
미운 오리새끼처럼 홀로 남았습니다

나를 보다가
문뜩 그대를 보다가
춘 사월에 터져 나온 꽃망울처럼
방울방울 작은 꿈들을
내 안에 다시 담아봅니다

04

잡초

잠시 머무는 곳이라도
애꾸눈 세상은 모두가 장애인
잘난 눈높이에 희망을 걸고
잘난 자리에 미련을 두지 말자

잡초야

바람에 실려
파도에 밀려
이국땅 외딴섬 언저리
황토를 발라 토담집을 짓고
싸리를 엮어 낮은 울타리를 치고
이름 모를 새들과 짐승들을 맞이하자

이웃들이 놀러 오거든
파도에 밀려온 바람을 송풍기 삼아
아궁이에 슬며시 밀어 넣고
이른 저녁밥을 지어보자

밤이 익으면 호롱불을 밝혀
망망한 바다에 한숨을 다 쏟아내고
망초대의 불꽃처럼 피어나는 별들에게
네 작은 꿈들을 한번 빌어보자

05

한번쯤은

비가 오는 날엔
바보같은 세상이 있어
아무도 모르는

세상을 이고 사는 건
너에겐 큰 고통일지도 몰라
가늠조차 할 순 없지만

한번쯤은
심장이 꿈틀거릴 때
한번쯤은
심장이 멈추었을 때

창가에 기대
빗줄기 가르는
낯익은
발자국 소리를 듣자

권명곡

시 작 노 트

빛 고운 낙엽처럼 곱고 예쁘게
노을을 바라볼 수 있는 가을여인이 되어
가슴에 노란국화를 한 아름 껴안는다

詩

어머니
분신
낙엽 밟으며

隨筆

추석 명절이 오면
여름휴가

권명곡

「문파문학」 시부문 신인상 등단, 경기시인협회 회원, 동남문학회 회원, 문파문학회 운영이사, 제6회 동남문학상 수상, 저서 : 시집 『달콤한 오후』, 공저 『하늘 닮은 눈빛 속을 걷다』 외 다수 e-mail 〈ssukmam2@naver.com〉

01

어머니

배냇저고리 벗어버리고
육십 갑자를 돌아온 나는, 오늘
소처럼 살아내신 당신 삶이
가여워 가슴 시리다.
베틀에 매달려 밤새워 한 올 한 올
무명천 짜내어 사들인 논밭들
삼베적삼 적시도록 논 밭 일구어
여섯 남매 키우셔서 출가시킨 당신
검버섯 핀 주름진 얼굴에 웃음 잃고
늘어져 툭툭 붉어진 손등의 정맥이
고무줄 같다는 손녀의 장난기에
흐릿한 미소 지으시는 당신
가물가물 기억력 없어졌어도
구순의 고갯길 넘고 넘으신 당신
이제는 뗏장지고 잠들고 싶다고
사는 게 멀미난다는 넋두리 가슴시리다

02

분신 -너랑 나랑

세월의 이랑마다 거름 주고 밭 갈아
함께한 날 아름답게 수채화로 덧칠했다
하루 또 하루 겹겹이 사랑 고리 엮은
당신과 나는 뗄 수 없는 분신이다
운명의 포물선 그리며 눈빛으로 그려지는
가슴 가슴에 박혀있는 사랑의 화인
살과 피로 하나 되어 푸른 강물로 흐른다
당신의 허물은 다림질 해하며 내 마음도
올곧게 펴 장미꽃 바라보는 눈으로
당신을 볼 수 있도록 한평생
설렘으로 살아갈 수 있으면 좋겠다

03

낙엽 밟으며

눈부시도록 곱게 물든 낙엽 길 걷는데
사각 사각 부서지는 낙엽들의 바스락거림은
아가들 입속에서 과자 씹히는 소리
한줌 낙엽을 줍는다
무슨 말인지 걸어올 것 같은 낮은 속삭임
가슴 설레게 한다
이 떨림 빠져들 것 같은 눈맞춤
널 바라보기 눈부시다
떨어져 흩날리는 붉은 단풍잎처럼
가슴속 가시 하나 떨구고 싶다
노란 은행잎 하나 주워
책갈피에 끼워놓는다

추석 명절이 오면

명절이 오면 일주일 전부터 가슴이 두근거린다. 모든 준비를 나 홀로 주관해야하는 부담감 때문에 머리가 아프다. 하나하나 생각 해가며 할일들을 기록하고 그날그날 실행하며 한 일을 지워나간다. 올 추석은 유난히 마음이 바쁘다. 태풍이 휩쓸어간 농작물과 과일 값이 분수처럼 치솟아서 서둘러야 할 것 같다. 명절은 며느리의 수고로움이 조상을 기리고 가족들의 맛있는 먹을거리를 장만하기위한 바쁜 몸짓이다. 그 몸짓이 마음까지 기쁨으로 할 수 있도록 체력을 보강하고 마음을 살찌우러 날마다 요가와 걷기운동을 열심히 했었다.

마트에 장을 보러 갔다가 채소 값에 놀랐다. 배추 한 통에 6천원, 무 한 개 4천원, 파 한 단에 5천원. 과일 값도 폭등했다. 주부들의 한숨 소리가 여기저기서 들리고 어두운 표정들이 마트 구석구석 굴러다닌다. 그래도 한복을 곱게 차려입고 선물 코너에서 선물을 판매하는 직원들은 미소를 잃지 않고 종일 생글거린다. 그 미소를 장바구니에 물건과 함께 가득 싣고 왔다. 나박김치와 포기김치를 담고 흥정 해온 물건들을 분류해서 차곡차곡 정리를 한다. 산적 거리에 양념을 해서 냉동 시켜놓고 햇 참깨를 볶아 송편 속을 만들어놓고 송편 가루를 빻았다. 하얀 떡가루를 바라보니 마음이 정갈해진다. 내 마음속에 낀 먼지를 모아서 저 떡가루처럼 하얗게 물들이고 싶다.

딸 둘과 손자들 손녀까지 합세하여 송편을 만든다. 별님모양 달님모양 사람모양 갖가지 모양으로 빚은 송편들, 제사상에 올릴 것만 제대로 만들고 솔잎 넣고 한 솥 쪘더니 아이들의 웃음소리가 비눗방울처럼 거실에 동동 떠다니며 맛있게 먹는다. 솔잎 향이 은은히 입안으로 번진다. 아이들과 딸들이 한바탕 북새통을 떨면 살아있다는 생명력이 꿈틀댄다. 한개 만들고 못하겠다는 남편 맛있게라도 먹어주니 다행이다. 이웃집과도 나눌 수 없는 게 아쉽다. 음식을 나누워 먹던 옛날이 그리워지며 도시의 삭막한 인심에 슬픔을 느낀다. 차단된 아파트 문화가 이웃을 멀게 한다. 단독에 있을 때는 대문 열고 스스럼없이 이웃을 넘나들고 했는데 점차 가족 중심의 생활을 하다보니 이웃과는 자연히 담을 쌓게 되는 현실이다.

나 어린시절에는 추석 전날에 쌀을 한 말은 빻아서 밤새 송편만드는 게 일이였다. 대가족이 모두 모여 갖가지 솜씨로 송편을 만드는데 엄마가 만든 송편은 반달 모양으로 예쁘게 만드는 게 신기해서 나도 엄마의 송편모양을 닮으려 애썼다. 아버지는 장손이 아니라 제사가 없어서 우리 식구들 먹을 송편과 고깃국이 전부였고 조카들과 우리형제들 새 옷과 새 신발로 명절을 대신했다 그때가 엊그제 같았는데 내가 할머니가 돼서 손자들 웃음소리를 들으며 음식을 만든다. 세월이 전광석화처럼 지났다.

명절은 주부들의 몸과 마음이 바쁘기도 하지만 오래 떨어져

각자의 생업에 충실했던 일가친척들이 만날 수 있는 좋은 기회의 장이기도 하다. 주부가 활짝 핀 미소로써 집안을 수놓을 때 남편의 마음도 편안하리라 생각 된다. 비록 몸은 피곤해도 음식을 사지 않고 내 손으로 장만하여 조상께 올리고 형제들과도 나눌 수 있는 현실에 감사해야 내 맘도 편안하다. 평소보다 조금 더 많이 주방에 서성이고 많은 음식을 장만하니 뿌듯하다. 남편이 애처로운 눈빛으로 바라봐줘서 고맙고 저녁이면 어깨를 다독이며 수고했다는 그 말도 정겹다. 어차피 치러야 할 의무고 과정이라면 즐기면서 하고 싶다. 먼 훗날 건강하지 못하면 하고 싶어도 할 수 없으려니 이 순간순간을 해뜨는 동녘 하늘 바라보는 마음처럼 설렘으로 맞이하리라.

여름휴가

집에서 선풍기 켜놓고 책보며 음악 듣는 것이 편할 것 같고 더위를 이기는 것이라고 생각했다. 내 아이들도 휴가를 떠나고 주변사람들도 모두모두 떠난다는 이야기를 듣고난 후 나도 떠나고 싶은 생각이 들었다. 큰딸이 리조트를 예약하고 엄마아빠 둘이서 오붓하게 쉬다 오라고 했지만 젊을 때와 달리 둘 보다는 팀을 만들어 가고 싶다는 생각이 들어 시누이 내외와 넷이서 특별한 계획도 없이 강원도 정선으로 출발했다. 여행은 생각하는 것부터 설렘이 있다.

남들이 모두 가는 코스는 북적댈 것 같아서 고속도로를 피해서 국도로 여유만만하게 갔다. 올 여름 그렇게 비를 뿌렸어도 들판의 곡식은 익어가고 밤나무에 송이송이 매달린 밤송이도 한 달 후면 알밤이 될 것 같다. 옥수수 밭에 옥수수도 무르익었고 태풍이 지나갔어도 의연히 버티고 있는 복숭아와 배도 튼실하게 제 빛깔을 내고 있었다. 길가에 피어있는 노란 달맞이꽃은 길손들의 마음을 차분하게 이끌어준다. 이름모를 풀꽃은 각기 제 모양대로 까지도 소중하게 피어있다.

경기도 이포에 자리한 막국수 집을 30년 전통이라 하여 찾아갔는데 맛도 있었지만 사람들의 발길이 끊이지 않았다. 주인은 서서 돈 계산하기에 바빴다. 역시 음식은 사람들이 많이 가는 곳이 특별하다. 육수가 어찌나 맛있는지 모두들 3컵씩이나 마셨다. 사람은 먹는 즐거움이 참 크다. 맛있게 먹었으면 값이 비싸도 돈이 아깝지 않은데 싼값으로 맛까지 좋아 이곳은 아주 특별한 맛 집이다.

주변 경관을 감상하며 정선으로 향했다. 북적거리는 해변의 해수욕장 보다는 몸과 마음이 쉴 수 있는 곳으로 가기로 했다. 정선의 구절리에 위치한 레일바이크를 타려고 갔으나 예약이 모두 끝났기에 구경만 했다. 레일 바이크는 탑승객이 페달을 이용하여 철로 레일 위를 시속 10~20 키로 속도로 운행할 수 있도록 제작한 철로자전거다. 기존 정선선의 구절역에서 출발하여 아우라지 역까지 총 7.2킬로미터 구간을 운행한다. 타진 못했지만 레일바이크를 바라보는 것도 즐거움이다. 계곡이 청정하고 조용하여 다음에 아이들과 같이 오고 싶은 코스였다.

저녁코스는 야간에 개장하는 정선 5일장으로 갔다. 산나물과 감자, 옥수수, 메밀이 주를 이룬다. 감자전과 메밀전 올챙이국수 더덕막걸리를 시켜놓고 정선의 밤을 즐겼다. 무대에서 공연하는 민요가수들의 민요 몇 곡과 정선아리랑도 배웠다. 영화도 한 편 방영했지만 우리 팀은 호수를 거닐었다. 밝은 달이 너무 가깝게 또렷하게 보인다. 옛날 고향에서 보던 달빛이다. 공기가 맑아서 달도 선명하다. 맑고 고운님 같은 달님에게 미소를 보냈다

매미소리가 새벽부터 요란하다. 짝을 찾느라 몸부림을 치는

지 창가에서 불빛을 벗 삼아 울어댄다. 도시의 매미소리는 힘이 없었는데 온갖 매연에 오염되지 않은 정선의 매미소리는 힘이 넘친다. 7일을 사랑하다 죽는다는데 얼마나 서러우면 저리도 울어댈까, 7일만 남은 내 삶이라면 나는 무슨 일을 할까 잠시 생각하게한다.

이번 코스는 정선 화암동굴이다. 금과 대자연의 만남이라는 주제로 개발된 국내 유일의 테마동굴이다. 이곳은 1922년부터 1946년 까지 금을 캤던 광산이며 석회동굴의 특성을 보여주는 천연동굴이다. 총 1803미터로 관람시간은 1시간 30분 정도 소요된다. 너무 추워서 긴팔을 꺼내 입었다. 아직도 금맥이 보존되어 있고 군데군데 석탄이 묻은 광부들의 모습을 재현해놓은 것을 보고 마음이 아팠다. 지하 수백 미터 속에서 생사를 걸고 금을 캐던 광부들 나라의 부흥과 가족을 위해 땀 흘리던 그들이 없었다면 오늘날 이런 멋스런 동굴이 없었을 것이다. 몇 번이고 감탄을 했다.

마지막 코스인 청령포로 향했다. 영월군 남면 남한강 상류에 위치한 단종의 유배지다. 청령포는 삼면이 물로 둘러싸여 나룻배를 이용했다. 마치 섬 같은 적막한 곳이어서 어린나이로 유배생활을 했을 단종을 생각하니 가슴이 아릿했다. 단종이 한양을 바라보며 그리움을 달랬다는 망향탑과 두 갈래로 갈라진 소나무에 걸터앉아 시름을 달랬다는 관음송은 600년이 지난 오늘도 굳건히 버티고 있는데 100년도 안되는 인생의 허무함에 가슴이 시리다.

2박을 목표로 준비하고 집을 나왔지만 숙소도 정하지 않았고 많이 걸었기 때문에 피곤하여 집으로 발길을 돌렸다. 하루쯤 바람 쐬고 외식을 하는 것은 나태한 일상에서 충전의 기회가 된다. 한우고기도 양껏 먹었고 팔당의 장어도 배부르도록 먹었으니 더 이상 욕심이 없다. 나이 들어 여행하면 맛난 것에 편한 잠자리가 최고인 것 같다. 내 아이들과의 여행은 가족 결속의 장이 되지만 형제와의 여행은 우애돈독이 된다. 같이 늙어가며 서로의 마음을 읽을 수 있고 오붓한 부부만의 여행보다 함께함의 즐거움이 더 컸다.

이규봉

시 작 노 트

사과 같은 시, 한입 깨물면 상큼하게
입에 침이 고이는
먹고 나면 나도 모르는새 어느덧
자양분이 내 혈관 속에 들어와
녹아 있는
사과 같은 시 그런 시를 쓰고 싶다
그런 시를 썼으면 좋겠다.

詩

隨筆

이규봉

「한국문인」 시부문 신인상 등단, 문파문학회 운영이사, 동남문학회 회장, 한국문인추천작가회 회원, 경기시인협회 회원, 사진예술회 회원, 수원교구 카톨릭 사진가회 회원, 제6회 동남문학상 수상, 저서 : 시집 『울림소리』, 공저 『하늘 닮은 눈빛 속을 걷다』 외 다수 e-mail 〈kbrhee3@naver.com〉

01

무게

6월, 담장 위에 파란 장미 줄기
빨간 꽃 무게에 활처럼 휘어 있다

살다 보면
꽃도 무거울 때 있다

꽃이 진다고
가뿐 하랴

꽃이여
그리스도의 짐처럼
무게는 내려놓고
그 빛깔과 향기만 지고
피안으로 향한 들길을 걷게 하라

02

초롱불

학교서 집까지는 이십 리 산길
노루 꼬리만 한 가을 해 산 너머로 내려앉으면
호랑이 아가리 같은 어둠과 마주친다

그믐날, 어머니는 초롱불을 들고
흰티재 너머 산길을 혼자서 걸어
오리 길 마중을 나 오신다

허수아비 바람소리 소쩍새 울음에
삳바처럼 팽팽해지던 내 목 뒷줄기
멀리서 가물가물 초롱 불 반짝이면
풍물놀이 상모 돌리듯 유연해지고

이 가느다란 불빛 불씨처럼 재속에 남아
사막의 별빛으로 남아, 낙타의 눈을 비춘다

이제 내가 그 초롱불을 들 차례다

03

들꽃 사이로 – 곰배령 7부 능선에 서서

이제 말馬처럼 내달아 달려가야 할 고지는 없다
허둥대며 찾아 나서야 할 거처도 없다

하늘이
천둥을 치거나
쓰나미가 몰려와도
엘레지 현호색 노루귀 피어나는
여기는 7부 능선

꽃들의 눈웃음 눈여겨보며
꽃들의 향기 깊게 들이마시고
꽃잎의 수다에 귀 기울이면
날개 짓 하듯 두 팔을 펄럭이며 평원의 들꽃 사이로
천천히 발을 옮기면
나비의 날개는 가볍고
나비는 새처럼 울지 않는다

숫자로 보는 운세

2011년 새해를 맞았다. 2010년 말이 전쟁 일촉즉발의 위기상황까지 가는 초 긴장상태를 보낸 만큼, 새해를 맞는 가슴에는 무엇보다도 이 땅에 평화가 깃들기를 염원하는 기도로 가득 차 있다. 2011년은 앞에 두자를 떼어내면 11만 남는다. 1이란 숫자는 7과 함께 우리가 가장 좋아하는 숫자다. 1이 두 자나 들어있는 금년은 이 땅에 평화가 깃들고 노숙자가 줄어들고, 유독 11과 관련이 많은 나에게도 행운이 깃들기를 은근히 기대해 본다.

내가 태어난 날은 음력 7월 11일이다. 에어컨도 선풍기도 없던 시절 복더위에, 산골짝 초가집 안방에서 아기를 낳고 산모는 얼마나 고통스러웠을까하는 생각에 어머니께 공연히 미안한 생각이 들기도 한다. 그러나 어머니는 복더위의 고통쯤은 아무것도 아니었다. 내 위로 딸을 셋 낳으시고, 딸 이름에 사내남자를 붙이면 남동생을 본다 하여 셋째 딸 이름을 경남慶男이라 했다. 그만큼 절박 했다. 셋째 딸 이름 덕분인지 어머니는 가통을 이어갈 아들을 낳으셨다. 딱히 칠거지악이 있던 시절은 아니라서 아들을 못 낳는다고 쫓겨 갈 정도는 아니었지만, 후손을 보기 위해 소실을 두는 것은 예사롭던 시절이다. 어머니는 아마 일생에서 이 7월 11일은 가장 기쁘고 행운이 깃든 긴 날이었을 것이다.

나는 대학에서 당시 가장 유망업종으로 꼽히던 합성섬유 쪽에 관심이 많았다. 이로 인해 첫 직장에서부터 마지막 직장까지 섬유와는 떨어지지 않았다. 이 섬유의 날이 11월 11일이다. 요즘은 전자산업, 자동차 산업에 밀려 천덕꾸러기 산업이 되었지만, 한강의 기적이라 할 정도로 우리나라가 경제적으로 성장하게 된 배경에는 이 섬유산업의 공로를 무시할 수 없다. 내가 학교 강사로 나가던 시절, 11월 11일이 되면 섬유를 공부하는 학생들에게 오늘이 무슨 날이냐고 반드시 묻는다. 학생들은 "빼빼로데이요" 라고 능청을 부려 한바탕 웃고 지나가지만, 평생 동안 나에게 빵을 재공해주고 편안한 노후를 보장해 준 이 섬유산업의 고마움을 잊지 못한다. 해마다 11월 11일이 되면 그 고마움에 지난 삶을 되돌아보고, 한 해의 남은 날들이 밤톨처럼 알찬 시간으로 여물어져 후회 없이 한해를 보낼 수 있는 행복한 운세가 깃들기를 소망한다.

11이란 숫자가 최근 들어 내 삶에 중요한 요소로 자리매김 한 것은 평생교육원 문예창작과에 입학한 기수가 11이라는 것이다. 내가 문예창작과에 입학한 사실은 삶의 강물이 흘러가다 굽이에서 큰 물줄기를 틀어 놓은 것 같다. 문학을 시작한 7년이란 짧은 시간은 내 삶의 17년 보다 더 긴 시간이다. 어쩌면 그 이상일지도 모른다. 그 이전의 삶이 살아남기 위해서 살아진 치열한 시간이었다면, 이 시간은 영혼의 울림을 따라 살아간 값진 시간들이다. 문학을 시작 하는데 10기면 어떻고 12기면 어떠냐고 할지 모르지만, 내 운명과 깊이 관련이 있는 11이란 숫자로 문학을 시작하지 않았더라면 벌써 중도하차 하였을지도 모른다는 생각이 든다. 내 뒤로 목사, 교사 등 많은 남자 분들이 입학하였지만 지금까지 문학을 계속 공부하는 분은 없다. 11이란 행운의 숫자가 내 문학의 길을 이끌어 주리라는 허황된 믿음을 믿는다.

11이란 숫자가 요즘 들어 또 하나의 관심을 불러일으키는 것은 출판사 Codmedia에서 발간한 내 시집이 11번째로 발간되었다는 것이다. 이 출판사는 시집을 새로 발간할 때마다 고맙게도 뒤표지 쪽에 지금껏 발간한 시집의 목록을 적어 놓는다. 이 새로 나온 시집을 대할 때 마다 11이란 숫자의 시집 목록을 보며 묘한 기대감에 쌓인다. 시집을 처음 발간하려 했을 때 참 많이 망설였다. 요즘처럼 영상매체가 판을 치는 세태에, 유명시인의 시집도 읽기 바쁜 이 시대에, 이순이 넘은 무명시인의 첫 시집을 과연 누가 읽어줄 가하는 회의 때문이었다. 그러나 지금은 다르다. 무엇과도 바꿀 수 없는 축복받은 소중한 시집으로 여긴다. 시집의 내용이 좋기 때문이 아니라 11이란 숫자가 언젠가 행운을 가져다 줄 것 같은 생각이 들기 때문이다.

2011년 1월 11일 아침, 첫 꽃밭을 함께 일구던 옛 벗으로부터 메시지가 날라 왔다. 하루가 지나가면 더 좋은 하루가 오는 행복한 한해가 되라고. 올해는 11이란 숫자가 들어 있어 내 운명 속에 행운이 날개 짓 하는 해이다. 하지만 종심從心을 바라보는 회색머리에 집을 짓겠다고 찾아 올 파랑새가 어느 하늘에 있을까. 작년 같은 천안함 사건이나 연평도 포격과 같은 국가 불행 사태가 다시는 없고, 가정이 화목하고 건강하며, 문우들과 즐겁게 어울리고, 마음에 평화를 누리는 것 이것이 내게 주어진 최대의 행운일 것이다. 그래도 비워내지 못하는 딱 한 가지 욕망은 남겨져 있다. 이 행운의 해에 방금 낚시에서 건져 올린 월척 붕어처럼 비늘이 번쩍번쩍 빛나고 지느러미가 싱싱한 시 한 수 내 손으로 건져 올리게 해 달라고.

은혜의 구슬

시골집 마당가 빈터에 주말 농장 같은 조그만 텃밭이 있다. 흙냄새가 좋아 소꿉장난처럼 상을 차려 놓는다. 5월 초가 되면 고추, 상추, 파, 도마도, 오이, 가지, 옥수수, 고구마 등의 작물을 여기 조금 모종을 하기도 하고 저기 조금 씨앗을 뿌리기도 한다. 이 작은 터에 씨를 뿌리고, 뿌린 씨앗이 발아하여 싹이 트고 꽃이 피고 자라 열매를 맺는 도중에서 때론 대자연이 내리는 은혜의 신비에 감탄 한다.

완두콩 꼬투리 따낸 자리에 쑥갓 씨앗을 뿌리기로 했다. 제주도 해역에 장마구름이 머물러 있어 여름 장마가 곧 온다 하는데, 농작물은 초여름 갈증이 계속된다. 넙적한 호박잎, 오이잎 사귀는 여름철 개 혓바닥처럼 힘없이 축 늘어져 있다. 삽으로 땅을 깊게 파 뒤집어도, 속 땅까지 습기라곤 없이 떡고물처럼 푸석하다. 마른땅에 퇴비와 비료를 뿌리고 흙을 뒤집고 빈 고랑의 흙을 퍼 올려 이랑을 만든다. 내 이마의 땀으로 작은 씨앗의 눈에서 하얀 순이 고물고물 깨어나고, 여린 연두 빛 두 잎이 또르르 말린 채 무거운 흙 위로 봉곳이 솟아오르는 작은 생명들의 탄생을 기대하면서다. 이 마른 땅에도 대자연은 이들 작은 생명의 씨앗을 촉 틔우기 위해 빗방울 아니면 또 다른 은혜의 구슬을 내릴 것이다.

쑥갓 씨앗을 뿌리려 아침 일찍 일어나 마당으로 나간다. 잔디로 덮여있는 마당은 아침 이슬로 흠뻑 젖어있다. 아침 햇살에 풀잎의 이슬방울이 보석처럼 반짝 반짝 빛난다. 호박잎, 오이잎 사귀는 어제 낮과는 달리 고개를 바싹 치켜들고 의기양양하다. 고추, 토마토, 가지는 싱싱한 잎을 자랑하며 파란 열매를 윗가지 아래가지에 옹기종기 달고, 붉은 결실을 향해 힘찬 레이스를 한다. 올해 처음 심은 수박은 주먹만한 애기 수박이 우리 손주녀석 자라는 것처럼 대견스럽게 굵어간다. 이렇듯 농작물들이 밤잠에서 깨어나 싱싱하게 푸른 생명으로 활짝 기지개를 켜는 것은 아침이슬 덕택이다. 이슬은 목마른 자들을 위해 이 땅에 살짝 내려온 영롱한 은혜의 구슬이다.

초등학교 때 토끼길 같은 산길을 걸어 십리길 학교를 다녔다. 길 양쪽에 있는 풀을 모아 매듭을 지어놓으면, 조잘 대는데 정신 팔고 가던 여학생들이 풀에 걸려 넘어진다. 이 모습을 보며 좋다고 신바람 나던 철없던 시절이다. 돌이켜 보면 이슬처럼 순수하고 아름답다. 길가에는 풀이 참 많았다. 학교에 도착할 때쯤 되면 풀숲의 이슬에 바짓가랑이가 무릎까지 흠뻑 젖곤 했다. '왜 이슬은 아침마다 풀숲에 내려 학교 가는 우릴 괴롭히느냐'고 불평을 했다. 내 바짓가랑이가 아침이슬에 젖듯, 새벽에 논물을 보러 들판을 한 바퀴 돌아오시는 아버지의 바지는 항상 젖어있었다. 어머니는 한마디 불평도 없이 새 옷을 내다 들이고 아버지는 기분 좋게 옷을 갈아입으셨다. 아버지와 어머니는 이슬이 주는 고마움을 깊이 느끼고 계셨던 것 같다. 이슬은 시인이나 미술가의 전유물이 아니다. 농부를 위해 몰래 이 땅에 내려온 천사의 역할이다.

아침 이슬은 비와는 달리 천둥이나 번개를 치며 요란스럽게 내리지도 않고 아무 때나 오지도 않는다. 수줍음 많은 새색시처럼 우리가 잠 잘 때 몰래 왔다 아침 햇살이 웃으면 금방 사라져 버려, 그 존재의 고마움을 잊어버리기 쉽다. 하지만 이 땅에 이슬이 내려주지 않는다면, 수많은 초록의 생명체들은 작열하는 태양 빛 아래 그 생명을 온전히 지탱하기 힘들 것이다. 초록의 생명체가 없는 지구촌은 생각 그 자체만으로도 온몸이 오싹해진다. 이슬은 이 지구촌에 푸르름을 선사하는 비 다음으로 고마운 영롱한 은혜의 구슬이다.

김숙경

시 작 노 트

오랜 침묵, 곰삭은 언어와 빛깔로
나를 다시 일으켜 주리라 생각한다
어느새 가을이 산 위에서 부터 내려 온다

隨筆

김숙경

「한국문인」 수필부문 신인상 등단, 동남문학회 회원, 문파문학회 회원, 경기수필가협회 회원, 맥심문학회 회원, 저서 : 공저『달빛 한 번 더 흔들어 나를 들여다 본다』 외 다수 e-mail 〈bright614@daum.net〉

하극상

팔뚝이 아직도 아리다. 벌겋게 부어오른 후유증은 딸이 엄마에게 준 상처다. “엄마를 패는 자식은 패륜아다.” “패륜이 아니라 이건 하극상이야.” 그렇게 얘기하면서도 주체할 수 없는 웃음이 끊이질 않아 배를 쥐고 웃는다. 엄마를 패고, 자식을 패고도 이렇게 흥겹고 통쾌할 수가 없는 건 이 놀이만이 갖는 특수성 때문이 아닐까? 밤 열시가 넘었지만 남편은 귀가 전이었고 아들은 컴퓨터 게임에만 열중하고 있다. 딸아이와 둘이 TV를 보지만 재미난 프로는 없고 더위만 사납게 몰려든다. 잠자기도 너무 이른 시간이고 운동을 하러 나가기도 엄두가 나지 않아 딸애를 꼬여 48색 동양화 한 통을 꺼내 자리를 폈다. 시간을 보내거나 때우는 화투놀이는 어릴 때부터 익숙한 장난감 놀이였다. 그것이 일제시대 국민들의 사고를 교란시키거나 아무 생각을 할 수 없도록 하기 위한 놀이였다고들 하지만 그 유래나 전래는 모르겠다. 어릴 때부터 자연스럽게 접하게 된 화투는 유일한 놀이감이었음을 40대 이후 사람들은 기억 할 것이다.

어릴적 사랑방이나 건넌방에 친구들과 모이면 민화투, 뽕, 고스톱, 또이또이, 고리짓고땡 등 가짓수 많은 화투놀이에 시간 가는 줄 모를 때가 많았다. 혼자 있을 때에는 재수 띠기를 하며 그날의 운세를 점치기도 했던 기억이 난다. 밤이 긴 겨울밤에는 오빠, 동생들과 내기 화투를 했다. 점수가 높은 사람이 꼴찌이면서 군것질 사는데 벌금을 가장 많이 내야했다. 그 캄캄하고 추운 밤에 간식거리를 사러가면서 돈도 내고 심부름까지 해야 할 때 억울해 했던 일들이 떠오른다. 그런 곳에서도 일등이란 얼마나 부러워했던 자리였던가. 군밤같이 따스한 기억들도 자라면서 하나 둘 객지로 떠나며 유년시절의 기억은 막을 내렸던 것 같다.

순발력, 기억력, 재치, 눈치가 있어야 게임은 승산이 난다. 상대방 수를 잘 읽어야만 제압할 수 있다는데 아무리 날고 기어봐도 뛰어봤자 벼룩인 꼴이 된다. 누가 가르쳐 주지 않았는데 어느새 고수처럼 엄마의 간당간당한 수를 읽고 만다. 점수가 났다 싶으면 어느새 선수를 쳐 스톱을 외치고, 하도 많이 맞은 팔뚝이 아프다 못해 아니 저리기까지 한다. 때릴 때는 상대방의 힘을 빼기 위해 별 행동을 다 취해본다. 나의 그러한 모습이 우스워서인지 더러는 팔뚝 맞을 때 빗나가기도 한다. 그럴 땐 억울하다는 표정 때문에 또 한 번 웃는다. 정말 하극상이기나 한 것처럼 딸애는 아무 죄책감도 없어 보인다. 당연한 벌칙에 엄연한 놀이라고 주장하는 역설에 반박은 가당치도 않는다. 아직도 집으로 돌아올 생각을 하지 않는 남편에게 '지금 딸한테 얻어맞고 있으니 나 좀 구해주라' 고 전화로 이르니 딸아이는 이런 때 옆에 응원해줄 남자친구가 없는 것이 속상하고 억울하다며 킬킬댄다. 이 시간까지 안 들어오는 남편은 그 나름대로 화투판에 날 새는 줄 모르고 있으니 이 집이 무슨 콩가루 집안은 아니 될는지 걱정이다.

상대방 수를 읽으려면 자신의 표정이 상대에게 눈치채지 않아야 이긴다는 속설을 머리로는 기억하고 있지만 내겐 쓸모없는 훈수다. 그렇게까지 골몰하면서 머리 아프기는 싫다. 내가 맞은 것보다 훨씬 덜 맞은 딸애지만 가녀린 팔목이 부어서 빨갛다. 피부가 희어서 더 그래 보이는지 몰라도 나 역시도 때릴 때는 힘을 가해서 모질게 때렸던 것 같다. 눈으로 확인 되어지는 참상이다. 끝나고도 한동안 낄낄대며 웃는 모녀는 속도 없어 보인다. 내가 많이 맞은 건 잘한 일인 것 같다. 머리로 못 당하니 몸으로라도 감당해야지. 엄마와 타짜가 되어본 여름밤이 그저 재미로만 기억되길 기대해본다.

내탓이오

순간 아찔했다. 아무 생각도 할 수 없었다. 가만가만 내 자신에게 자중하자는 세뇌를 걸었다. 어디서부터 발단이 시작된 것인지 헝클어진 실타래 같지만 더 이상 엉켜질 실이 없으니 이제 풀어내야 할 일만 남았다. 처음의 마음으로 돌아가 사태 파악을 하자는 생각으로 마음을 가라앉혔다. 분실 아니면 도난이라는 두 가지로 결론을 지었다. 분명 도난이라고 생각한 것은 지갑과 함께 없어진 현금 봉투였기에 가능한 일이었다. 지갑만 잊어버렸다면 내 착오도 있고 우왕좌왕하던 일들이 있었기에 그런 단정도 가능했다. 한번 가방을 소매치기 당한 일이 있어 항상 조심하는 편이다. 마음속의 일들이 현실화되면 어쩌나 강박관념이 있었는데 우려가 이렇게 되고 보니 앞이 보이지 않는다는 표현이 맞을 것 같다.

일단 카드정지부터 해야 했다. 분실신고를 하기위해 ＡＲＳ로 연결되어 처리하는 그 시간이 그렇게 더딜 수가 없었다. 급할수록 돌아가라 했는데 전화기의 버튼마저도 제대로 누르지 못해 더 안절부절 했다. 안내원과 통화할 때는 내 목소리는 긴장과 불안함으로 떨렸다. 밤새 잘자고 일어나서 잊어버렸다고 생각조차 하지 않았던 일이었기에 황당함은 더했다. 지갑 속에 들어있던 많은 은행과 관련된 카드들, 주민등록증, 그동안 쓰지 않고 모아왔던 상품권들, 비 내리는 봄밤에 써준 딸아이의 시심이 담긴 쪽지편지 등 중요하고 소중한 것들이 사라졌다는데서 오는 공황을 어떻게 말로 표현하랴. 미친 사람의 표정이 나와 같았을 것이다. 생각은 어제 저녁 상황으로 몰아 가고 기어이 일을 저지르고 말았다는 자책감에 수습할 길이 막연했다. 혼자 속을 끓이다가 말로써 풀어내면 속이 편해 지려나 하고 여기저기 전화를 해도 행방들이 묘연하다. 급기야 돈과 지갑을 잊어버렸다고 몇몇에게 문자로 보내니 한참만에야 전화가 오고 답이 들어온다.

누군가에게 이야기를 털어놓고 나니 숨통이 트인다. 의견과 생각들도 가지각색이다. 염려해주는 사람, 나와 같이 누군가를 의심해 주는 사람, 아마도 너를 시험하려고 남편이 감추었을 거라는 의견 등 다양한 반응이지만 이미 그때는 모든 걸 포기하고 가는 해 액땜 하는가보다 위안을 삼고 있는 중이었다. 모든 것이 어젯밤의 술 탓이라고 생각하니 자업자득이란 생각이 들었다. 열 사람이 한 사람 도둑 막을 수 없다는 말도 연상이 되었다. 방심했던 일들의 당연한 결과라고 생각했다. 어제 저녁 그 모임에서 차마 검은 마음을 가진 사람은 없었을 것이라고 믿고 싶지만 한편으로는 이사람 저사람 저울질 하던 일들은 정말 부끄러운 일이고 잃어버린 사람이 죄인이란 말이 맞는 일이지 싶었다. 차라리 이런 지경에 이르렀으니 이제 새로운 마음으로 정신을 차려보자고 심기일전 하는 계기를 가져보자고 다짐했다. 다시는 실수를 반복하지 않아야 겠다는 각오를 세웠다.

이제 단 한 사람 유일하게 이 일을 해결해줄지 모를 남편에게 희망을 걸어봤다. 한 번도 장난치거나 나를 놀리려고 그런 짓은 하지 않을 거라고 생각했기에 책잡히고 싶지 않아 쉬쉬했다. 하지만 친구 말마따나 남편이 일을 꾸몄다면 차라리 다행한 일이지 싶어서 밖에 나갔다 느지막이 들어온 남편을 슬며시 떠봤다. 내 지갑 혹시 감추지 않았느냐고. 돌아오는 반응은 여지없다. 이 사람이 어디다 잃어버리고 생사람 잡느냐며 큰소리치지만 대꾸하는 모습에서 범인을 짐작할 수 있었다. 정색을 하지만 눈은 웃고 있었다. 코도 벌름벌름 했다. 사람을 이렇게 애태우고도 어찌 그리 태연하냐며 따지니 되레 돈을 맡고 있는 책임자가 술 마시고 정신 못 차리는 것 같아 골려줄려고 작정한 일이었다고 했다.

앞서 입방정을 떨었던 일, 누군가를 의심했던 일이 부끄러워 수습할 일이 난감했다. 아침 내내 여기저기 분실신고를 하면서 수선을 떨었던 일들, 혼자 골머리를 앓던 일들이 억울하고 약올랐지만 그래도 이렇게 해프닝으로 끝난 것이 오히려 다행이었다. 또 다시 아찔했던 아침의 상황처럼 막막했지만 핸드폰 문자라는 문명의 도구가 있어 문자로 '도둑님은 남편이고 자신이 숨겼노라고 자백' 했다고 보냈다. 혼자 북 치고 장구 쳤던 일을 수습하고 나니 시장기도 오르고 미안한 마음이 들어 문자를 보낸 몇몇 사람들에게 해장국 번개팅을 주선했다. 남편의 그런 행동이 애교 있고 귀엽다며 맞장구를 쳐주는 사람도 있고 남편이 잘했다고 거들어주는 사람이 있었으니 마다않고 마시는 술을 줄이라는 염려라고 생각한다. 재밌는 집안이라고 웃고들 있지만 당한 나는 황당하고 어이가 없었다.

아침부터 일어났던 일들이 꿈을 꾼 것처럼 몽롱하다. 짧은 시간에 떠오르던 그 많은 주마등 같은 필름, 사람의 생각과 상상력은 무한정 넓고 크다는 생각이 들었다. 조심하라는 경고로 받아들이면서 이제 금주禁酒라도 해야할까보다 생각했다. 단주斷酒는 자신 없지만 조금씩 줄여가며 조절해야겠다. 하루가 열흘 같았던 오늘, 모든 것이 '내 탓이오'를 실감한 날이었다. 그 말이 진리임을 깨달았다. 나 자신을 다시 한번 돌아보는 좋은 계기였다고 자위해본다.

아버지의 가을

가을은 불현 듯 만남도 헤어짐도 쓸쓸하게 만든다. 지난날엔 별일도 아닌 모습들이 이젠 애잔하게 가슴으로 자리한다. 만나고 돌아설 때 가장 마음 아프게 하는 일들이 부모자식간의 헤어짐 같다. 언제나 늙지 않고 계실 줄 알았던 부모님의 모습들 그리고 삶에 치우쳐 잠깐씩 고개만 들이미는 나는 얼마나 형식적이고 안이한 사람인지. 그 부모의 사랑이란 깊이를 얼마만큼 가늠하고 있는 건지 아직도 피상적이다.

아버지 생신이 되어 온가족이 모였다. 다른 때 같으면 나가서 나들이 겸 식사하고 돌아왔겠지만 이번 생일만큼은 집에서 하자는 의견이 모아져 나름 음식을 장만하고 마음 편히 쉬는 계기를 가지는 일도 괜찮을 것 같아 오랜만에 시끌벅적 명절 같은 1박 2일이었다. 아버지는 그러셨다. 모든 식구들이 모일 땐 아버지의 가슴이 넓고 풍족하다가도 돌아서 가버리면 가슴이 온통 작아진다며 아버지가 두 팔로 온 마음을 표현할 때 가슴이 너무 시려 눈물이 나왔다. 남겨진 어머니와 철부지 같기만 한 다 큰 막내아들과의 일상들이 암울하기 때문일 것이다. 어머니의 환경성 치매증상, 묻고 또 묻는 어머니의 반복된 사고는 아버지의 인내력을 늘 시험하게 한다. 뇌를 다치는 사고 이후 아직도 언행이 부자연스럽고 어눌하기만 동생은 언제나 아버지의 삶을 힘들게 한다. 정신연령이 언제쯤 가야 제 나이를 인식할지 아직도 미지수 같은 암담한 일을 아버지 혼자 감당하게 한 죄책감에 나는 울 수밖에 없었다.

자식이기에 사랑하는 아내이기에 둘 다 소홀하지 못하는 아버지의 힘겨운 역할, 나는 그나마 그런 아버지가 계시기에 늘 강 건너 불 구경하 듯 했고 일말의 책임감마저 회피했다는 표현이 옳을 것이다. 안보면 그 단면이 안보이니 자연스럽게 숨쉬며 살아가고. 어쩌다 이렇게 마주앉아 한자리에 모이면 속없이 웃고 떠들고 아무 일도 없던 것처럼 태연하게 뒤돌아 오며 나는 뒷모습에 아버지의 고통과 힘겨움 쓸쓸함을 배려하지 않았던 것이다.

강인해 보이는 아버지에게 모든 것을 맡기고 싶었고 회피하고 싶었다는 마음도 있었음이 솔직한 표현이다. 어쩌면 일부러라도 우리 자식들은 발을 뒤로 빼고 싶었던 것은 아니었을까. 우리는 아니어도 적어도 나는 그랬다는 생각이 들었다. 아버지는 겉으로만 강하고 내면은 한없이 나약하고 어디 마음 한군데 의지할 곳 없는 불쌍한 분이건만 나는 헤아리는 척 하면서 아버지의 마음을 다 알려고 하지 않았다는 자책을 해본다. 그저 그런 모든 일들이 아버지의 몫이라고만 생각했었다.

부모 마음을 다 어떻게 헤아릴까. 부모의 마음을 반만 알아도 후회하는 일들은 하지 않을 것이다. 그런데도 그 미련한 마음을 버리지 못하고 살아가는 모습을 답습하고 있다. 부모님께 효도

하는 길은 그리 멀지 않은 곳에 있는 대도 그 역할은 언제나 말에 그치지 않는다. 전화 한 통에 안부 묻는 일도 남의 일이라 생각하고 살았으니 말이다. 모두가 떠나간 자리에 하하 호호 웃던 자식들의 여운도 있을 테고 손자들의 모습을 아른아른 아버지는 그윽하게 반추하고 계시겠지. 넓고 큰집에 아버지의 마음을 따듯하게 데워줄 이 없는 가족 때문에 마음 한 편이 시려오기도 하겠지. 그런 아버지를 안쓰럽고 안타까워 며칠 가슴 아플까. 또 일상에 묻혀 간간히만 기억하겠지.

숨쉬고 싶다

나를 들여다보고 확인하는 글쓰기를 오랫동안 접고 살았다. 생각도 손을 놓아 버린 지 오래, 남들이 한 발 한 발 나아가고 있을 때 나는 그저 막연한 부러움만 가지고 아무것도 하지 못한 채 애면글면 하고 있었다. 노력하지 않고 시도하지 않은 게으름 때문에 그동안 얻지 못하고 잃기만 하며 살고 있는 것 같아 다시 한 번 나 자신을 점검하고 싶어졌다. 어딘가에 소속하고 싶어졌다. 글을 쓰던 그때의 충만함으로 돌아가고 싶었다. 더 늦기 전에 내가 좋아하고 사랑하는 일을 외면하고 싶지 않았다. 한편의 글을 완성하고 부끄럽게 내밀며 공부하던 열정에 가슴 뛰던 일을 다시 하고 싶어졌다. 초심으로 돌아가 다시 배우겠다는 마음이 커지니 의욕은 생겼지만 마음먹은 대로 글이 써지지 않아 몇 줄 시도하다 접기를 여러 번, 나름의 마인드맵을 만들어 봤지만 생각처럼 되지 않았다. 배우고 익히지 않아 퇴보하는 내 모습이 당연한 귀결이면서도 이렇게까지 막연하고 막막하게 될 줄은 몰랐다. 한 쪽 세상에 너무 귀를 기울이고 살아왔던 그동안의 편협함에 아무것도 쓰지 못한 시간들이 후회가 되었다. 당당하게 이름표를 걸었던 일들에게 다시 힘을 주고 싶었다. 그 이름표에 걸 맞는 나 자신을 찾고 싶었다.

유명한 작가나 시인들처럼 절필이나 한계를 느껴서 공백이 있었노라고 하는 그들의 근사한 말들과는 거리가 먼, 등단이란 한 가지 목표를 세우고 그 목표를 이루고 난 사람의 안일함의 사치와 나도 모르는 사이 겉치레의 멋에 빠졌던 것 같다. 5년이란 시간, 한 줄도 쓰지 못하고 탕자처럼 버려두었던 나를 다시 돌아오게 하고 싶었다. 물속에 빠져 숨을 쉬지 못한 채 허우적거리는 나를 꺼내 숨쉬게 하고 싶었다. 깊은 물속에서 눈도 뜨지 못하고 귀로도 듣지 못하고 혼자서 물 속 밖으로 나오려고 안간힘을 쓰는 자맥질도 그만 멈추고 싶어졌다.

올해 이른 봄의 출발은 다행스럽고 행복하게 생각한다. 바보는 매일 궁리만 한다고 했던가. 진작 뛰쳐나오지 못한 일이 후회되기는 하지만 지금도 늦지 않았다고 생각한다. 공부하면서 자극도 받고 아직도 자신이 좋아하는 일을 하지 못하고 망설이고 있는 사람들에 비해 얼마나 다행한 일인가 위로를 삼기도 한다. 처음의 마음으로 돌아가고 싶다. 시도하지 않고 담금질 하지 않으면서 남들의 앞서가는 사람들의 모습만 부러움 반 시샘 반으로 보았던 마음도 버릴 것이다. 그들도 한편의 글을 쓰기 위해 고심했을거라는 이면을 들여다 보기로 했다. 거울처럼 들여다 볼 것이다. 일기처럼 쓰여 지는 글이지만 조금만 부끄러워 하고 싶다. 나 자신에게 점점 나아질 거라고 최면을 건다. 이제는 정말 숨을 쉬고 싶다.

이경선

시 작 노 트

갈잎이 연주하고
글을 쓸 수 있어 행복합니다

隨筆

이경선

「한국문인」 수필 부문 신인상 등단, 한국문인협회 수원지부 사무차장, 경기수필가협회 사무차장, 문파문학회 회원, 동남문학회 회원, 제4회 동남문학상 수상, 저서 : 수필집 『하얀비』, 공저 『하늘 닮은 눈빛 속을 걷다』 외 다수
e-mail 〈kk99ss@hanmail.net〉

그림자 밟는 날

바로 이거다. 그리 찾고 싶었던 것이. 앞만 보고 달려 온 내게 고속질주를 하고 난 후의 기분이랄까, 몹시 지치는 요즘이다. 얼마 전부터 내가 하는 모든 일에 몸이 거부를 하고 있었다. 휴일 아침, 달래야겠다는 심사로 리모컨을 쥐고 있는 남편에게 슬쩍 건넸더니 흔쾌히 승낙하며 싫지 않은 내색이라 안심이 되었다. 당장 외출준비를 했다. 생수와 간단한 요깃거리를 넣고 옷을 챙겨 입었다. 날씨가 어떨지 몰라 얇은 옷 몇 개를 껴입었다. 남편도 기다렸던건지 콧노래를 부르며 점퍼를 걸쳐 입는다.

목적지를 정해 놓은 것은 아니지만 자동차는 춘천 방향으로 달려가길 원하는 것 같았다. 시간에 쫓기는 날도 아니고 일단 산소가 부족한 이곳을 탈출해야 할 것만 같은 강박관념으로 어느새 톨게이트를 지나고 있었다. 제법 적지 않은 차량이 도로 위에서 목청이 찢어져라 락을 불러 제끼고 있다. 다들 어디로 가는 걸까. 이들도 우리처럼 갈증이 난 걸까. 차창 밖으로 물끄러미 시선이 잡힌 언덕엔 연녹색의 상큼한 빛깔이 앙증맞은 손을 흔들며 배웅하더니 바로 부러운 시선을 넘겨주었다. 갑자기 스스로 이동 할 수 없는 꽃가지들이 가여워졌다. 지나는 이의 눈빛 한번 맞추려고 이곳에서 움직이지 않은 채 씩씩하게 살고 있다는 것이 여간 신통한 게 아니다. 또 보러 올께, 얼마만큼 이 빠졌는지.

생각보다 도로는 실타래 풀리듯 밀려 나간다. 몇 개의 휴게소를 지나치더니 우회전 깜빡이 소리가 들린다. 아무래도 성질 급한 남편이 휴게소에 머무는 것은 담배가 고픈 탓이다. 만약 이곳이 집이라면 바가지 한 소큼은 던졌을텐데 오늘 하루 온전한 기분전환을 위해 가방 속에 잔소리를 숨겨놓는다. 아니나 다를까. 흡연 장소에서 담배를 물고 있는 모습이 보인다. 흡연자가 쉴 곳이 별로 없는 요즘, 몇 몇 끗끗한 동지들과 등을 돌린 채 보이는 중년의 저 남자와 살 부치고 산지가 언제인지 문득 태고부터 살아온 느낌이 든다. 햇수를 더듬어 처음 만난 시간부터 치자니 믿을 수 없는 시간이 나온다. 그런데 이상하다. 바로 엊그제 같은 것은 어떻게 설명해야 할지 모르겠다. 어제가 오늘이고 오늘이 내일로 연결된 장거리 달리기 선수마냥 앞만 보고 달렸다. 골인지점이 어디인줄도 모르고 무작정이란 말이 적격이다.

지켜보는 마누라의 초강력 시선이 느껴졌나 서둘러 담배꽁초와 헤어져 돌아오는 모습에 세월이 함께 손잡고 성큼성큼 다가오고 있었다. 처음에 인수했던 물품과는 비교가 안 될 정도로 튼실해진 몸과 연륜의 중후함이 그리 흉해보이지 않았고 다행히 예전의 성정을 간직하고 있는 면이 많아 고마운 마음까지 들었다. 그러나 마음과는 달리 종종 내 입에선 배부른 투정이 튀어나와 언쟁이 오가기도 한다. 오늘은 참기로 하자. 이 기분으로 한 번 가 보는거야. 자동차마저 경춘가도를 향해 흥에 겨운 몸짓을 하고 있었다.

'남이섬'을 근거리에 두고 그곳에 가면 꼭 먹어야 할 것 같은 닭갈비집에 마주앉았다. 창가 옆은 강줄기가 잔잔하게 흐르고 주변으론 꽃가지들이 어우러져 어디선가 천사들이 숨바꼭질을 하고 있을 것만 같았다. 갑자기 우리의 여유로운 행동들이 잠시 불안하기도 했다. 봄볕만큼 소중한 시간을 감지하며 여객선에 올라 메타쉐콰이어 길에 큼직한 발자국을 남겼다. 자전거를 타는 연인들, 연인의 무릎을 베고 벤치에 누워있는 젊음. 내 몸이 근질거린다. 부럽다. 우리도 저런 적이 분명 있었는데. 도대체 어디만큼 온거야. 여긴 어딘거야. 저 짓은 도저히 할 수 없는 일이다. 안타깝다. 멀리 오리배 타는 곳이 보인다. 남편의 얼굴을 쳐다보았다. 저걸 탈려구? 마치 불온한 짓을 꾸짖기라도 하려는 음성이다. 우리 예전에 탄 거자너 원천유원지에서. 당신 남들 안 보이는 데로 노 젓던 거 생각 안나? 아마추어처럼 왜 이래. 쑥스러움에 뒤로 빼려는 남자를 보이는 않는 밧줄로 힘껏 잡아 당겼다. 어느새 기억의 촉수를 더듬으며 그곳으로 향하고 있었다. 뒤뚱뒤뚱거리며.

일촌 사돈

휴대폰 메시지 도착음이 맑다. '박순자님께서 보내신 택배가 익일 오전 중에 배달될 예정입니다.' 에구, 또 뭘 보내셨나. 박순자님은 바로 딸의 시어머니인 사부인이시다. 조금 후 사부인의 전화번호가 휴대폰 액정에서 경쾌하게 노크를 한다. 항상 밝고 예의바른 음성으로 막내 동생과 연배가 같다는 나에게 경어를 쓰시며 두루두루 안부를 물으신다. 제 철에 나오는 먹거리가 좋아 보여 별것도 아닌데 외출도 못하게 귀찮게 한다며 본인의 성의를 바닥에 내려놓으신다. 내가 부담을 갖을까봐 매번 별것을 별것 아님으로 강조하시는 부분도 잊지 않는다.

사돈이 생긴다는 생각은 얼마 전까지 피부에 와 닿지 않았다. 내겐 평생 시댁과 친정만 있을 뿐이었다. 딸이 과년해지고 친구들이 자녀의 청첩소식을 알리고 그렇게 서서히 내 주변에 새로운 관계들이 이루어지는 걸 보며 묘한 인생의 맛을 기대하고 있었다. 무엇인지 모르고 어설프게 시작한 결혼의 덫에서 조금 물러나 있는 시점에 어느새 내가 그 덫의 방향을 쥐고 또 다시 어설픈 어른 배역을 맡게 되는 정말 재미난 인생살이라는 생각이 들었다.

상견례로 처음 사돈어른들을 만난 날은 드라마에서나 보던 일이 현실로 다가오자 긴장이 되었다. 마치 내가 시집가는 것처럼 그 댁 어른들이 시부모님으로 보이는 착시현상이 순간순간 일어났다. 어느새 날 닮은 딸이 나의 전철을 밟아가려고 배시시 웃고 있는 것이 보였고 아이는 엄마보다 또 다른 보호자가 필요한 것임을 알게 되었다. 그건 피차 마찬가지였다. 내 몸에서 출발했지만 성년이 되어 서로의 둥지가 필요했고 가장 자연스러운 절차이고 우리 부부에겐 최대의 거사인 셈이었다.

사위가 첫 인사 오던 날이 생각난다. 꽃바구니와 케익을 들고 오는 줄 알았는데 손과 마음이 큰 사부인의 엽엽함에 입이 딱 벌어졌다. 농사를 짓는 것도 아닌데 찹쌀, 맵쌀, 콩, 팥, 참깨 등 다섯 곡식을 대나무 함지박에 각각 담아 보자기에 싸고, 영양떡 바구니와 특수부위 쇠고기를 둥근 채반에 꽃바구니처럼 장식하여 보내셨다. 찰지게 참깨 향 풍기며 액땜 물리치고 잘 살라는 사돈의 염원이 내게 전달되었다. 솔직한 심정으로 말하자면 이걸 받아먹고 거절은 못하겠다는 생각이 스쳤다. 첫날 이렇게 여러번 엘리베이터를 오르내리며 옮기는 사위를 보자 먹는 것에 인심 난다는 말도 있지만 이 정도의 마음 씀씀이시면 내 딸을 혼인시켜도 되겠다는 안도의 마음이 들었다.

손도 작고 첫 아이를 혼인시키는 나와 세 번째 막내아들의 혼사를 치르는 베테랑 사돈의 시작부터가 이렇게 달랐다. 각자 다른 공간에서 성장한 남녀의 한 가정 이루기 준비과정은 두 번 다시 하라면 꾀가 날 정도로 신경 쓰이는 일이 많았다. 그 단계 단계에서의 표현을 사부인은 정성이 묻어나게 하셨고 난 건성으로 흉내만 내고 있었다. 그래도 매번 작은 나의 표현에 감사인사를 보내셨고 신세 지는 걸 심적으로 부담스러워 하기만 하는 난 아무리 용을 써도 황새를 못 따라가는 뱁새사돈일 뿐이었다.

오래전 딸을 낳은 대가를 세월이 흘러 그 댁 어른들께 보상받는 느낌도 들었다. 손이 많이 가는 김치종류와 생강식혜는 홀짝 먹기에는 아까운 예술품이었다. 전주지방이 맛의 도시라는 건 알고 있었지만 지금도 냉장고를 열면 사부인의 웃는 얼굴이 보인다. 직접 담근 마늘, 양파장아찌. 홍매실, 복분자, 오가피 엑기스 등 양파 한 개를 다듬어도 눈이 매운데 마늘도 일일이 까서 간장에 달여 보내신 마음을 생각하면 맛있게 잘 먹는 것이 고마운 일이려나 싶다. 딸에게도 올 때마다 신 김치 통을 새 걸로 바꿔가라 하셨고 우리 몫까지 담궈 놓으셨다고 한다.

사돈이 아니라 친정엄마 같다고 했더니 넉넉하게 웃으시며 그럼 엄마하자고 하신다. 그저 우리 식구나 굶어죽지 않을 정도의 음식을 하는 난 결코 쉬운 일이 아니라는 것만 확실히 알고 있을 뿐이다. 음식 만들기를 아무리 즐겨한다고 해도 귀찮기도 하고 오죽 신경 쓰며 하실까. 사돈에게 받은 것은 저울로 달아 그만큼 해드려야 한다는 말이 있다. 언제나 난 그 댁 냉장고를 채울 수 있을까. 마음만 동동거리고 염치없어 할 뿐 위장에 새겨두고만 있다.

예전에는 처갓집과 화장실은 멀수록 좋다고 했는데 요즘은 반대라고 한다. 화장실이 멀면 얼마나 불편한가. 사부인은 그러신다. 가까이 살면 요것저것 다 드리고 싶은데 택배로도 부칠 수 없는 것들이 많다고. 어찌 보면 피를 나눈 형제보다 자식을 나누어 가진 인연이 각별한 듯 하다. 사돈이란 거리감 느껴지는 단어보다 정으로 이어가는 온 마음을 닮고 싶다. 박복하다 생각한 내게 요즘 들어 복이 촉촉하게 스며드는 느낌을 받는다. 진정 가슴까지 배부르게 해주셨던 순간들은 잊지 못할 것 같다. 그중 사부인이 내게 보내주신 첫 번째 고마운 것을 꼽으라면 그건 부족한 내 딸과 가장 잘 맞는 심장 하나이다.

빚쟁이의 어설픈 푸념

가방에서 서류 뭉치를 꺼낸 남편은 아무런 부연설명 없이 내 인감날인과 친필서명을 하라고 한다. 갑자기 심장이 발등으로 떨어지는 소리가 온 신경을 구타한다. 심장을 제자리에 옮겨다 놓을 새도 없이 받아 든 흰 종이는 잘 찢어지지도 않을 재질 같았다. 연필로 사인해야 하는 곳을 미리 친절하게 표시해 놓은 서류는 기술지원금 신청서였다. 며칠 전, 조마조마하게 기다리던 서류가 통과되었다고 귀청이 울리게 전화하며 남편이 말하던 바로 그것. 일의 진행을 위해 기쁜 소식이긴 하지만 배우자 보증인의 서명란을 보자 건망증이 심해 한글을 까먹어 못 쓴다고 떼쓰고 싶었다.

올봄, 새로운 공장계획을 세우며 상당금액 부족한 액수에 손을 놓고 싶었다. 세를 얻어 하는 방법도 있지만 이동거리가 멀면 직원들의 출퇴근도 문제가 되어 근거리의 토지를 매수하게 되었다. 겨우 땅 구매가격 정도만 수월할까 나머지가 문제였는데 거래처의 수주계약서로 지원금을 받을 수 있다는 걸 알게 되었다. 국가에서 저리지원으로 법인세 공제도 받고 분할상환이라 심사에 통과만 되면 자금 걱정 없이 공장 신축이 가능한 것이다. 그곳 조사단이 현지 시찰과 그동안의 거래 내역 등을 검토하여 예상보다 단시일에 통과되었다고 기뻐하는 남편처럼 난

똑같을 수만은 없었다. 반백의 머리와 갖가지 우려가 앞섰기 때문이다.

자금을 지원 받기까지 신경을 곤두세웠을 부분보다 굽실거리며 다녔을 걸 생각하니 안쓰러웠다. 염려만 넘치는 무력한 마누라의 미안함도 있었다. 마지막 절차서류를 챙겨들고 함께 지원공단에 날인하러 갔을 때 난 남편이 그렇게 말이 많고 웃음이 헤픈지 처음 알았다. 딸 나이와 비슷해 보이는 담당여직원에게 휴가는 다녀왔느냐며 반달 눈가에 온 주름이 잡혀있는 익숙하지 않은 표정이 다른 사람을 보는 듯 했다. 통과가 되어도 우리가 원하는 금액을 한꺼번에 주는 것이 아니라 기계를 구입 시마다 은행에서 지불해 주는 그런 형식이었다. 은행에선 남편 명의로 된 집 담보를 요구했다. 장롱 안에서 동면중이던 등기부등본이 쾌쾌한 냄새를 풍기며 우리의 대변인으로 외출을 하던 날은 내 몸 장기 안이 텅 비어 구슬픈 피리소리가 들려왔다. 혹시라도 잘못되면 저 집은 어찌되는 걸까. 불안한 꼬리를 물고 늘어지자니 뒷머리에 투포환 하나가 매달려 있었다.

젊어서 고생은 사서도 한다고 하기에 원없이 했지만 빗겨간 세월이 야속하기만 했다. 애초에 지원금을 약속했던 일본의 한 거래회사는 여러가지 조건을 내세웠다. 다른 거래처보다 우선순위로 우대해 줄 것과 총 지원금에 대한 이자는 물론이고 앞으로 매 계약 시 할인혜택까지는 이해 할 수 있었지만 남편의 생명보험을 요구했다. 오래전 보험회사가 처음 나왔을 때 사망보

험료에 대해 달갑게 받지 않던 그 기분 고대로 전달받은 남편은 몹시 흥분하고 있었다. 그러나 하루가 지난 후 그들의 조건을 받아 들여야겠다고 했다. 다른 거래처에 광고효과도 되고 혹여 비상시 변제 건에 대한 부담을 긍정적으로 해석하기로 했다고 한다. 내 생각도 전날과 다르게 치밀한 일본인들의 깊은 배려라고 인정 할 수밖에 없었다. 매일 저녁마다 우리가 나누는 대화는 지원금 건과 공장 진척상황이 대부분이라 요즘은 남편이 직장동료 같은 생각이 든다.

언젠가 지인에게 남편의 업무로 인한 속상한 일을 털어놓게 되었다. 그녀의 말이 걸작이었다. 동네 모퉁이에서 조그만 슈퍼마켓을 하며 하루 온종일 붙어 앉아 있어야 할 사람이 남편 같은 남자를 만난 건 엄청난 실수라는 거다. 제품이 들어오면 조근조근 정리하고 소박한 점심을 나눠먹으며 라디오에서 흘러나오는 음악이나 들어야 할 사람에게 주어진 현실은 범위가 넓다고 한 방에 날려버린다. 일주일에 밥 한 끼를 함께 먹는 회수도 손 꼽아야하고 마주보고 있는 시간은 몸과 마음이 지쳐있는 상태가 대부분이다. 이젠 내 힘으론 절대 해결하지 못할 뭉치까지 얹어져 잠깐 사이 십년은 늙어 보인다. 어떤 날은 이왕 빚진 거 쓰고 보자는 심리도 작용해서 깜짝 놀란 적이 있다. 외상이면 소도 잡아먹는다는 옛말을 공감하게 될 줄은 정말 몰랐다.

대출을 받아 시작하는 남편은 솔직히 돈을 벌겠다는 목적도 있지만 거래처의 신의를 지키자는 의미도 큰 비중을 차지했다.

남편에게만 맡기겠다는 제품들이 멈춰버려 거래 선에서 혼동을 겪고 있는 터였고 실상 그 일은 남편의 스펙이기도 하다. 엄청난 고액의 빚은 등짝에 달라 붙어있지만 변제 할 수 있는 수주 계약서가 있고 믿고 따라주는 직원들이 있어 슬며시 희망에게 손을 내밀어본다. 그 덕에 초라한 내 몸값이 갑자기 올라갔다고 생각하련다.

줄기차게 내리던 비가 멈춰 공사가 하루가 다르게 진척되고 있다. 하나하나 눈에 보이기 시작하자 씨앗을 움 틔운 것처럼 뿌듯하고 빚에 눌려있던 내려앉은 마음이 공기와 친숙해진 향수처럼 조금씩 엷어져가고 있다. 어디선가 모래더미를 담보로 외국에 차관을 빌려 썼다던 카랑카랑한 고 정주영 회장의 음성이 심란한 마음을 다독여 주는 듯 울려온다.

호기심 지옥

하늘빛이 달라졌다. 그렇게 비를 뿌리더니 이제 막 목욕을 마친 아기처럼 맑은 바다색을 며칠째 보여주고 있다. 마음의 습기까지 제거해 간 바짝 마른 빨래를 걷으러 앞 베란다로 나가는데 옆에서 무언가 움직임이 느껴졌다. 고개를 돌려보니 에어컨 외향기 두꺼운 줄에 시커먼 뭉치가 매달려 있는 것이 눈에 띄었다. 방충망을 사이에 두고 쪼그리고 앉았다. 벌집이었다. 벌들이 다닥다닥 붙어서 분주히 움직이는 모습이다. 순간 징그러워 온 몸에 소름이 돋았지만 신기하기 짝이 없었다.

숲속에나 있을 법한 것들이 여름날 에어컨의 위력을 알기라도 한 듯 그곳에 매달려 집을 지을 생각을 했다는 게 깜찍하기까지 했다. 하던 일을 멈추고 얼른 카메라를 들고 촬영하기 시작했다. 벌집은 건드리면 상대방을 쏜다는 걸 알기에 방충망을 열지 않고 촬영했는데 흐릿하게 나온다. 마음에 안 든다. 살짝 문을 열고 조심스레 셔터를 누르는데 손이 바들바들 떨렸다. 몇 장을 내리 찍고 접사렌즈 없이도 가장 가깝게 벌들의 모습을 담을 수 있었다. 남편에게 이 사실을 알렸더니 역시 신기해한다. 어둑해진 시간에 확인한 남편은 말벌이라며 절대 문 열지 말고 뉴스에도 종종 나온다면서 119에 전화하라고 했다. 벌초할 때 독성이 강한 벌에게 목숨을 잃는 일들이 바로 저 녀석 때문이라 했지만 관찰하고 싶은 마음이 더 커 건성으로 들었다.

시간 나면 베란다로 나갔다. 말벌들의 움직임을 살피고 구경하는 일이 즐거운 일과에 들어갔다. 사진을 찍어 가족카페에 올렸더니 아이들은 무서운 거라며 얼른 신고해서 떼어내라고 댓글을 달고 당부의 전화까지 했다. 알았다고 걱정하지 말라고 하곤 난 녀석들의 동태를 지켜보았다. 무언가 입으로 조금씩 물어 이동하기도 하고 서로 돕기도 하며 계속 쉬지 않고 움직였다. 획일적인 벌구멍을 저 작은 곤충들이 만들었다고 생각하면 기가 막힐 일이었다. 건축노벨상이 있다면 당연히 벌들의 몫이라며 감탄하고 있었다. 문학카페에도 올렸더니 조심하라는 당부가 있어도 치울 생각을 전혀 안했다.

다음날도 벌들이 잘 있나 궁금했다. 밥을 안줘도 되고 강아지처럼 뒷일이 전혀 없어 신경 쓸 일도 없고 구경거리가 생겨 좋기만 했다. 인터넷에 들어가 말벌을 검색했더니 놀랍게도 말벌집의 효능이 여러 가지 있었다. 가루로 빻아 복용하면 암 환자에게 효험이 있고 고혈압, 당뇨 성인병은 물론 남성에게까지 좋은 만병통치약이었다. 100그램에 약 오만원의 가격으로 판매하고 있었다. 지금 달려있는 사이즈가 눈으로 대중 잡아도 500그램은 되어보였다. 뽕도 따고 임도 보고. 희귀한 강장제라고 하니 녀석들이 친근해 보여 에어컨에 문제가 생기지 않을 때까지 지켜 볼 요량이었다. 마음에 드는 벌집 사진을 갖고 싶어 다시 촬영하기로 했다. 베란다 바닥에 머리가 닿을 정도로 수그려 벌집의 전체 모습을 담고 싶었다. 조금 겁이 나서 겉옷을 두껍게 걸치고 차단마스크와 모자를 썼다. 혹시 몰라 안경까지 걸쳤다. 손에는 면장갑을 끼고 완전무장을 했다.

방충망을 아예 열어놓았다. 난간 틈 사이로 카메라렌즈를 내보내고 촬영하기가 수월치는 않았지만 바로 벌집과 렌즈와의 간격은 십 센치도 되지 않았다. 선명하게 녀석들의 형체가 렌즈에 잡혀 카메라를 돌려보는 여유도 생겼다. 조금 더 욕심이 생겨 다시 초점을 맞추다가 렌즈가 난간에 부딪치며 벌들이 움직였다. 깜짝할 순간이었다. 윙윙. 벌들이 열어놓은 베란다 안으로 들어왔다. 순간 손끝이 따끔했다. 얼른 장갑을 벗었다. 벌에게 쏘였다. 너무 따가워 손끝을 잡고 일단 방충망을 닫고 중문과 열어놓은 창문을 뛰어다니며 닫았다. 나도 나지만 곁에서 구경하던 강아지가 걱정스러웠기 때문이다.

벌에 쏘이면 독이 퍼져 죽을 수도 있다는데 지금껏 잘 살다 결국 하찮은 곤충으로 인해 하직한다는 것이 마음에 들지 않아 얼른 119에 전화를 했다. 다급한 음성으로 요청을 했는데 전화 받은 여자대원은 가족이 나와 같은 상황이라도 그럴 수 있는지 너무 침착하게 지금 대원들이 모두 출동 나가있다고 했다. 그러면서 천천히 이름을 묻고 숨이 차냐, 몸에 열이 나냐, 두드러기가 올라 오냐. 등 단 일 초가 급한데 답답해 죽을 지경이었다. 빨리 와달라고 통사정을 했다. 임시처방으로 얼음찜질을 하면 혈관에 퍼지는 걸 방지 할 수 있다며 기다리라고 한다. 인터넷 검색을 생각했지만 그럴 마음의 시간이 부족했다. 사람들의 우려를 들을걸, 후회가 밀려왔다. 내 발등을 내가 찍다니.

119를 타고 가는데 어지럽고 메스꺼움이 느껴졌다. 혈압은 정상이라며 큰 이상은 없겠다고 하지만 예외가 있다는 말도 빼놓지 않는다. 얼른 처방을 받고 싶은데 응급실에 사람이 많다. 모두 나처럼 하지 말라는 짓 하다 온 것 같다. 둔부에 주사 두 대를 맞았다. 베드에 누워 안정을 취하며 남편의 번호를 눌러놓았다. 비상시 연락처를 쉽게 하기 위해. 지금 남편은 뇌 동네에 빈 터가 한 점도 없는데 호기심 많은 마누라사건을 어찌 말해야할지. 퉁퉁 부은 손이 차츰 가라앉는 걸 보며 약을 받아들고 왔다. 다시 119에 전화해 벌집을 떼어가도록 부탁했다. 더 이상의 호기심도 사라졌고 벌이라면 쳐다보기도 싫어 카메라에 찍힌 것 모두 날려 보냈다. 100그램에 오 만원도 역시.

박남례

시작노트

저리도 아름다운 햇살이
내 가슴에 파고 드는데
무엇으로 보답을 할까
고운 낙엽 한 잎 보내드릴까
보내드릴까

詩

隨筆

박남례

「문파문학」 수필부문 신인상 등단, 동남문학회 회원, 문파문학회 회원, 저서 : 공저 『하늘 닮은 눈빛 속을 걷다』 외 다수 e-mail 〈inandsoo@naver.com〉

01

넌, 너는 – 며느리

너는 한 송이 빨간 장미꽃으로 나에게 다가왔지
작달막한 노란 채송화이길 염원했는데

너는 자꾸만 담장 밖을 기웃거렸지
홀로 계신 친정엄마 생각에 가슴앓이 하며
내가 너와 한마음 되어주었을 때
너는 나에게 한 송이 채송화가 되어 주었지

네가 첫아이를 낳을 때는 내가 너의 손님 같았는데
둘째를 낳을 때는 내 손 꼭 잡고 낳을 거라고 말했었지
내 가슴에 파도가 쏴 밀려왔지

우린 같이 재즈댄스도 배우고
마주앉아 밥을 먹을 땐
너는 내 수저 위에 반찬을 놓아 주었지

우리 집 화단엔 온통 채송화 잔치
오늘 밤에 내 탯줄과 네 탯줄을 엮어가는 꿈을 꾸자

음악의 힘

어린 시절 버들피리로 오빠가 들려주던 동요가 귓가에 들리는 듯 하다. 그 즈음 하모니카 소리도 빼놓을 수 없는 소리였다. 또 풍금 소리는 어떻던가, 듣기만 해도 가슴 설레는 소리였다. 초등학교 몇 학년 때인지 정확히 기억나지 않지만 아버지께서 금성라디오를 사오셨다. 몇 십 년이 지났건만 라디오 모델이 눈앞에 선하다. 동네에서 라디오는 우리 집에서 처음으로 샀다. 온 동네 소문이 퍼져 사람들이 모여들었다. 어른 아이 할 것 없이 신기해 하기는 매 한가지였다. 어떤 어른은 '저 쬐그만 것 속에 어떻게 사람이 들어 갔다냐?' 하며 라디오를 만져 보기도 하고 라디오 안을 들여다보며 고개를 갸우뚱 하는 거였다. 특히 어린이프로 동요를 보내주던 시간이었던 것 같은데 해질녘이면 우리 집 마당은 아이들로 북적거렸다. 음악의 힘이란 대단하다. 순식간에 많은 사람이 모이기도 하고 지친 삶에 활력소가 되어 큰 힘이 되어 준다. 큰 돈을 들여 음악을 들을 수 있는 제품을 사고 악기를 사도 아깝지 않다. 음악의 힘이 아니면 불가능한 일이다. 음악은 삶을 풍요롭게 한다.

성장하면서 라디오와 친구처럼 지냈다. 라디오 희망음악프로의 단골 청취자가 되어 음악을 청해 들었다. 남편하고도 라디오 음악프로에서 만나 결혼했다. 남편에겐 트렌지스터 라디오가 있었다. 라디오가 있어 정말 좋았다. 그러나 얼마 지나지 않아 남편 친구가 찾아와 라디오 값을 받으러 왔다고 했다. 가지고 있는 현금도 없거니와 돈을 넣어둔 통장도 없고 난감했다. 순간 기발한 생각이 번개처럼 머리를 스쳤다. 결혼반지! 순금으로 받은 쌍 반지 한 개를 주면 되겠다 싶어 한 개를 봉투에 넣어 주었다. 결혼 반지라고 말했는데도 아무 말 없이 받아가는 그가 야속하기도 했지만 두 개로 만들었으니 다행이라고 생각 했다, 남들은 위급한 일이나 피치 못할 큰일이 생겼을 때 결혼 반지를 처분 한다는데 나는 남들이 보면 어이없는 일에 반지를 내어 주었다. 반지의 빈자리는 라디오로 음악을 들으며 금방 잊을 수 있었다.

몇 년인가를 그 라디오로 음악을 즐겨 듣다가 좋은 라디오를 사고 싶은 마음은 하늘을 찌를 듯했다. 어려운 형편에 무슨 음악이냐고 자신을 나무라기도 했다. 그 무렵 모 전자에서 신제품으로 출시한 스테레오 시엠 송은 나를 잠 못 이루게 했다. 테이프를 넣어 음악을 들을 수 있는 제품이었다. 그 제품을 살만한 여력도 없으면서 사고 싶은 마음은 너무도 애절했다. 내 마음을 헤아린 남편이 판매사원과 함께 집에 왔다. 그 시절엔 방문판매를 하던 시절이었다. 제품을 보는 순간 망설일 여유가 없었다. 어렵게 장만한 스테레오도 세월이 흐르니 한물가고 오디오가 내 가슴을 뒤흔들었다. 나보다 더 음악을 좋아하는 아들과 함께 오디오를 구경하며 음악을 들어보는 즐거움은 이루 형용할 수 없었다. 음악의 힘이 아니면 이십여 년 전 백 만원이 넘는 거금을 망설임 없이 그렇게 쉽게 쓰진 못 했을 것이다.

오디오를 통해 좋아하는 음악을 골라 듣는 즐거움도 좋지만 무엇을 통해서든 자신이 느낄 수 있다면 더없이 행복한 일이 아닐까 생각한다. 클래식이든 동요든 내가 느낄 수 있으면 되는 것이다. 바깥세상은 수많은 풍경소리들로 가득 차 있다. 아름다운 화음이 되어 마음을 울릴 때도 있고, 형언 할 수 없는 즐거움, 숨쉬기조차 힘든 뜀박질 같은 것을 느낄 때도 있다. 바람 속에서도 공기 중에도 빛 속에서도 어린 시절을 떠올리게 한다. 봄바람 속에서는 어린 시절에 불렀던 동요가 떠오르고 가을바람에 나부끼는 가랑잎소리는 단조 음을 내며 날 울린다. 음악은 언제나 다정한 친구처럼 힘이 되어 준다.

음악을 통해서 감동이 넘치는 기사들을 종종 접한다. 이십 년이란 세월이 흘렀는데도 잊혀지지 않는 일이 생각난다. 독일이 통일을 이루어 냈던 일이다. 칠만 여명이 모여 자신들에게 총을 겨누는 경찰들에게 "우리는 민중이다"라고 외치며 평화적인 시위를 하며 음악회를 열었다. 시위 인원이 순식간에 삼십오만 명으로 늘어났고 베를린 장벽은 모래성처럼 무너져 내렸다. 가슴이 뭉클하며 부럽기 그지없다. 제10회 서울평화상 수상자로 선정된 베네수엘라 아브레우 박사 기사도 가슴을 달아오르게 한다. 음악학교에서 작곡 피아노 등을 배우고 작곡가를 거처 지휘자로 명성을 얻은 그는, 75년 마약과 총기, 폭력과 범죄가 넘쳐

나는 빈민가의 허름한 차고에서 전과 5범과 열한 명의 빈곤층 청소년들의 교육 및 재활을 위해 악기를 사주고 연주하는 방법을 가르치는 등 음악교육을 시작했다. 지난 35년 동안 약 30만 명의 어린이에게 음악교육을 시켰다니 감동이 아닐 수 없다. 그가 만든 오케스트라의 음악을 들으면 가슴이 뭉클해진다.

십 년도 훨씬 지난 일이다. 만돌린과 기타를 어렵사리 배워 음악 단체인 실내악 단원으로 활동한 적이 있다. 듣기만 하던 음악을 서툴지만 내 손으로 직접 연주를 한다니 꿈만 같고 설렜다. 4월이면 수원 도청 앞에 흐드러지게 피어난 벚꽃나무 아래서 벚꽃축제 연주를 했고, 한여름이면 연무대 활터에서 축제연주를 했다. 하와이 한인교회 초청연주를 하러 하와이에 가서 연주했을 때 일이다. 아리랑을 연주하고 무대를 내려오는데 할머니 한 분이 내 손을 꼭 잡으며 눈물을 흘리시는 거였다. 어디서 그런 힘이 나온 것인지 얼마나 손을 세게 잡는지 마음이 아렸다. 여기저기서 많은 분들이 눈물을 흘리고 있었다. 음악은 직접 연주를 하든 노래를 부르든 듣는 사람하고 공감대가 제일 잘 형성되는 것 같다.

지난해 지인으로부터 음악회 입장권을 선물 받았다. 서울팝스오케스트라연주회에서 얼마나 감동스러웠는지 지금도 그 감동이 사라지지 않고 남아 있다. 우리 귀에 익숙한 곡들을 편곡해서 보내주니 모두가 쉽게 공감을 하고 자연스레 감동으로 이어져 기립박수가 계속 이어졌다. Funiculi Funicula 를 팝

페라 가수가 부르자 관중들은 자리에서 일어나 환호의 물결을 이루었다. 음악회가 끝났는데도 자리를 뜰 줄 모르고 있었다. 아무리 감동을 받아도 시간이 지나면 감동은 불꽃이 사그라들 듯 슬며시 소멸되어 간다. 이 행복한 마음이 한 달만이라도 이어지면 좋겠다고 말하며 아쉬움을 뒤로하고 자리를 떴다. 그 감동들을 곧추세우려 종종 그 때를 떠올려 본다.

어렸을 적에 작은 오빠는 동생들을 모아 놓고 노래를 가르쳐 주었다. 그 시절엔 교회가 우리들의 끼를 마음껏 펼칠 수 있는 공간이었다. 크리스마스 때면 빠지지 않고 부르던 찬송가를 영어로 우리말 발음대로 써서 우리를 둥그렇게 앉혀 놓고 열심히 가르쳐 주었다. 자기 몫을 다 살지 못 하고 너무나 일찍 생을 마감한 작은 오빠, 어느덧 이십 년이 훌쩍 지나버렸다. 조카 결혼식이 있어 모처럼 형제들이 다 모였다. 우리 오랜만에 모였으니 오빠 산소에 가자고 의견을 모아 양평 산소에 갔다. 내가 농담 한마디 했다. 땅속에서 밖이 소란스러워 오빠가 혹 누가 막걸리 한잔 주려나 눈 빠지겠다. 나도 머지않아 저렇게 있겠지. 그땐 음악을 들려다오 아름다운 음악을 알았지 너희들! 영문으로 된 가사를 우리말 발음대로 써서 우리를 앉혀놓고 노래를 가르쳐 주던 오빠, 누가 먼저랄 것도 없이 우린 합창을 했다. 사이렌트 나잇 호리나잇 올이스컴 올이스브라잇, 놀랍게도 우린 끝까지 다 불렀다. 우리들의 합창은 계속 이어졌다. 엄마 일 가는 길에 하얀 찔레꽃 찔레꽃 하얀 잎은 맛도 좋지, 엄마가 섬 그늘에 굴 울 따러 어 가면 아기가 혼자 남아 집 입을 보오다가…….

숫자

세상에 태어나서 말을 배우면서부터 우린 숫자놀이를 하며 자란다. 나는 어렸을 때부터 숫자에는 그렇게 둔할 수가 없었다. 하긴 잘하는 것이라고는 별로 없었지만 수를 세는 것엔 완전 백치였다. 곱셈을 할 때면 진땀을 빼곤 했다. 선생님께선 머리를 살짝 쥐어박으며 너의 오빠들은 잘하는데 넌 왜 이리 못하냐며 야단을 치셨다. 숫자 참 정확하다. 뭔가 다수로 해서 결정할 때는 참 합리적이다. 국회의원선거 투표결과에서도 한두 표 차로 당락이 결정되어 순간에 하늘을 나는 것 같은 기분을 만끽하기도 할 것이며, 정반대가 되는 경우도 있으니 1이라는 숫자가 얼마나 중요하게 작용 하는지는 일일이 설명이 필요 없을 것이다. 하지만 그런 정확한 셈이 아니고 주관적으로 생각해서 하는 일을 숫자로 점수를 매긴다면 상당한 착오가 생길 수 있을 것이다.

지인으로부터 농촌진흥청에서 난蘭전시품평회가 있다고 연락이 와서 함께 갔다. 전시장에 들어서니 화려한 색색의 난 꽃과 은은한 향이 감미로웠다. 아름다운 꽃을 피우기 위하여 많은 진통을 겪었을 꽃잎들이 경이로워 보였다. 난하면 얼른 떠오르는 것이 고위 공직자나 정치권에서 현직보다 더 높은 직책으로 인사이동이 있을 때 축하의 의미로 난 화분을 보내는 장면이 티

브이 화면에 비춰지면 나하곤 거리가 먼 꽃으로만 생각했던 꽃이다. 부의 상징으로만 생각 했던 꽃이 눈앞이 어지러울 정도로 화려하게 나열되어 있다. 단아하면서도 화려하고 향기까지 그윽한 난 꽃 앞에서 나도 모르게 도취되어 정말 행복한 순간이었다. 예쁘다는 감탄사를 계속 하며 허리를 굽혀보고 있는데 직원이 다가와 보고 느낀 것을 점수를 매겨 적어 넣으라고 작성 할 종이를 준다.

예쁜 꽃에 감탄사를 연발하던 나는 점수라는 말을 듣자 머리가 복잡해지고 어지러워졌다. 이것이 더 예쁜 것 같기도 하고, 좀 전엔 저 꽃이 더 예뻐 보였는데 지금은 아닌 것 같기도 하고. 어린 시절 곱셈을 할 때처럼 머릿속이 숫자가 왔다 갔다 갈팡질팡 동동주 몇 잔 먹고 취기가 오르는 것 같았다. 고심 하는걸 옆에서 보고 있던 지인이 대충 하라고 말한다. 그래 대충 하지 뭐 하는 생각으로 대충 그 순간 꽃과 마주쳤을 때 느낌대로 점수를 매겨나갔다. 점수지가 점점 채워져 가면서 마음이 무거워졌다. 점수라는 숫자가 너무나 단순했다. 그 오묘한 꽃을 채점 하는데 총 5라는 숫자가 만점이다. 흔히 우리가 100이라는 수를 놓고 말하는데, 여기서 해당되는 1이라는 숫자는 엄청난 차이의 숫자이다. 내가 매긴 점수는 잘못 된 것이라는 생각이 들었다.

구석진 자리에 쭈그리고 앉아있는데 누가 버리고 간 작성지가 바닥에 뒹굴고 있어 집어보니 작성하지 않은 것이었다. 다시 점수를 매기기 시작했다. 아까보다는 더 신중하게 적어나갔다.

신중한 내 모습이 어느 사진기자의 눈에 띄었는지 뉴스에 내보낼 것인데 사진 좀 찍어도 되겠느냐고 하며 채점하는 모습을 취해 보라고 한다. 내가 아무리 신중히 숫자를 매긴다 해도 얼마나 정확할까? 난에 대한 지식이라곤 전무한 상태인 나로서는 상식이 아닌 주관적으로 할 수밖에 없었다. 꽃이 아무리 예뻐도 진한 색은 좋아하지 않는 나로서는 진한 색은 점수가 낮아진다. 꽃만 보는 것이 아니고 주인공 난이 더욱더 예뻐 보이도록 다른 화초로 조화를 이루게 꾸며져 있었다. 화려한 장미꽃 뒤에 안개꽃이 감싸고 있으면 장미꽃이 더 화려하게 살아나듯이, 우리네 인간도 마찬가지가 아닌가 생각한다. 주인공만 있고 조연이 없다면 주인공이 특별한 의미가 없을 것이다.

난에게 매긴 점수가 참고자료가 되어 난 재배에 반영이 될 것이기에 마음은 더욱 무겁다. 키가 작고도 촉수가 많지 않으면서 단아하게 생긴 품종에는 거의 만점을 주었는데 키가 큰 품종에는 다는 아니지만 조금 낮은 점수를 주었다. 그러나 쓰임새에 따라 비교되는 값어치는 다를 것이다. 보는 사람에 따라 매기는 점수 차이는 더더욱 클 것이다. 품종간 교배로 10년간 연구 끝에 새롭게 탄생한 국산 난이라고 한다. 10년간 연구를 했다니 가슴이 벅차 오르면서도 뻐근하게 아려왔다. 난을 연구하는 교수님들과 참가한 개인 업체에도 찬사와 경의를 표하는 글로 소감을 적고 주위를 보니 모두들 다과회 자리에서 담소를 나누고 있었다.

흔히들 사람을 놓고도 점수로 말하는 경우가 있다. 그 사람의 속은 잘 알지 못하면서 그 사람의 이력만을 가지고 평가하는 경우를 종종 본다. 특히 신랑감이 혹은, 신붓감이 백 점짜리라고 얘기들을 하는 것을 종종 듣는다. 그건 아무도 알 수 없는 일이다. 그들을 낳아 기른 부모도 모를 일이다. 부부로 연을 맺어진 그들 부부만이 알 수 있는 것이 아닐까? 하긴 그들 부부도 또 다른 인연을 만나면 점수는 바뀌질 것이다. 며느리가 남편과 나를 놓고 인상을 점수를 매긴다면, 100점 만점에 아버지는 50점을 더해 150점, 어머니는 마이너스 50점, 해서 불쌍한 인생 50점짜리라고 놀린다.

인생을 살다 보면 여러 유형의 사람들을 만나게 된다. 그 중 자기 생각만이 옳은 것처럼 말하는 사람들을 본다. 말하는 걸로 그치지 않고 상대에게 자기 생각을 정답인 양 주입시키려 하는 사람이 있다. 주관적인 생각은 정반대의 성향을 가진 상대하고는 엄청난 차이가 있을 수밖에 없다. 나는 작달막한 채송화가 예쁜데 어떤 이는 키가 큰 해바라기가 시원스러워서 예쁘다고 한다. 다시 나에게 난蘭을 평가 할 수 있는 기회가 주어진다면 주관적인 생각과 객관적 사고를 잘 조화해서 점수를 매길 것이다. 키 큰 해바라기가 나를 향해 고개 숙여 맑은 미소를 보내온다.

운동회

배냇짓을 하며 여기저기 피어나던 꽃들은 어느새 시들해지고, 그 자리에 어김없이 연초록 잎새들이 싱그럽게 빛나는 찬란한 5월이다. 초등학교 곳곳에서 운동회가 한창이다. 운동회 하면 가을을 떠올리며 동시에 밤, 감, 파란 하늘, 바람에 흔들리는 코스모스인데 언젠가부터 봄에 운동회를 한다. 어쩐지 어울릴 것 같지 않게 느껴진다. 내가 어렸을 땐 가을에 했기 때문에 굳어진 고정관념이리라. 초등학교에 다니는 두 손녀가 운동회 때 할머니 꼭 오라고 신신 당부를 한다. 꼭 가겠노라고 새끼 손가락 걸고 손도장 찍고 손바닥 복사까지 했다.

운동회 날이다. 가을하늘처럼 파란 하늘에 바람도 상쾌했다. 남편은 시골에서 올라오고 아들은 직장에 휴가를 내고 며느리와 함께 운동장에 들어서니 사람들도 북적거렸다. 하늘엔 만국기가 펄럭이고 식전 행사가 거의 끝나가고 있었다. 식전 행사가 있는 줄도 모르고 10시에 시작 하는 줄 알고 갔는데 4학년 손녀의 경기를 보지 못한 것이 영 섭섭하다. 한쪽에 자리를 잡고 앉아 있는데 양궁 활을 쏘는 과녁 뒤라 위험하다고 잠시 비켜달라고 한다. 아이들이 워낙 잘 쏘긴 하는데 혹 빗나갈 지도 모르니 잠시만 비키면 된다고 한다. 난 혹시 하는 사고에 대비해 가방에 넣어둔 휴대폰까지 챙겨서 얼른 자리를 피했다. 양궁경기를 보며 우리는 박장대소 했다. 아주 가까운 거리여서 빗나가고 말 것도 없는 거리였다. 백발백중 팡팡 다 맞췄다. 우린 깔깔대며 힘껏 큰 박수로 화답해줬다.

경기가 시작 되었다. 1학년 꼬마 신랑 꼬마 신부 무용이 시작 되었다. 통통한 남자 아이는 무용이 아니라 거의 서 있는 수준이었다. 짝꿍 여자아이는 남자아이를 끌어 당기며 열심히 춤을 춘다. 기우뚱기우뚱 깜찍하고 앙증맞은 춤이 끝나자 박수소리 요란하다. 기다리던 손녀의 경기시간이다. 손녀에게 단단히 일러두었다. "이수! 엄마 아빠 찾는다고 두리번거리지 말고 앞만 보고 달려라 알았지? 프레스트 검프처럼, 알겠지?" "네" 한다. 달리다가 중간에서 링을 던져서 고리에 걸어 놓고 결승점을 향해 달리는 경기다. 해마다 일등을 하던 손녀다. 우린 아예 결승점에서 대기하고 있었다. 링을 던져서 고리에 걸어야 하는데 링이 고리에 걸리지 않아 손녀가 세 번을 던지는 사이 한 아이가 앞서 나간다. 드디어 세 번째 성공을 시키고 앞서 달리는 아이를 있는 힘을 다해 따라 간다. 긴박한 순간이다. 드디어 손녀가 앞서가던 아이를 따라잡았다. 달리기의 묘미가 살아나는 순간이다. 환호와 박수가 터져 나왔다.

'나의 반쪽을 찾아서' 큰 손녀 경기 시간이다. 달리다가 중간에 쪽지를 주워 쪽지에 쓰여진 대로 짝을 찾거나 물건을 찾아 결승점을 향해 달리는 경기다. 나는 또 큰 손녀에게 당부하기에 바빴다. "인아! 모자를 쓴 사람을 찾거나 썬그라스, 가방, 볼펜,

수첩, 등등 써있으면 바로 앞에 서 있을 테니까 멀리 보지 말고 알았지?" "네" 한다. 결전의 순간이다. 손녀가 쪽지를 펴 보더니 난 안보고 엄마 아빠 쪽으로 뛰어간다. 난 죽어라 손녀 옆으로 뛰었다. 운동회 안내장! 안내장! 숨가쁘게 안내장을 외치는 손녀, 가방 속에서 안내장을 꺼내어 손녀에게 주니 받아 들고 결승점에 도달한 손녀 3등이다.

'뛰어라 병아리' 유치원 아이들의 달리기 시간이다. 앙증맞고 깜찍하다. 보기만해도 즐거운 모습이다. 엄마들이 아이들 앞을 가로막고 난리 북새통이다. 꼭 엄마들의 경기가 시작되는 것 같다. 드디어 탕 소리와 함께 운명은 시작 되었다. 넘어지고 울고 그냥 아무일 없다는 듯 천천히 선비처럼 걸어가는 아이, '누구야 빨리 뛰어가' 큰소리로 떠드는 엄마 그러거나 말거나 경기는 끝이 났다. 경기장 가운데에서는 어르신들의 경기가 한창이다. '월척을 낚으세요 어르신! '나도 오늘 여기서는 어른이다. 남편에게 한번 나가보자고 하니 자리를 피한다. 용기를 내어 합류했다. 네모난 큰 통 안에서 낚싯줄로 라면, 과자, 반찬통 잘도 낚아 올린다 싶었는데, 내가 낚을 순서다. 낚싯줄을 넣으려는 순간 지도교사 왈 내 귀에 대고 속삭인다. '우리만 아는 비밀 이예요' 한다. 통 안에는 남자 아이가 앉아서 낚시 줄이 내려오길 기다리다 사탕 한 봉지를 메달아 준다. 난 어렵사리 낚아 올렸다는 몸짓을 취하며 사탕봉지를 흔들었다.

아이들 점심은 학교에서 급식으로 먹기로 했다고 한다. 요즈음엔 엄마가 없는 아이들이나 직장관계로 참석하지 못하는 부모들도 있고 하니 전체학생들은 빠짐없이 교실에서 급식을 먹는다고 해 참 잘 됐다고 했다. 아이들은 교실로 우르르 몰려가고 우린 운동장에서 준비해간 점심을 먹으니 감회가 깊다. 옛날에 시골에서는 운동회 날이면 온 동네가 큰 명절 같았다. 빨간 감이랑 통통하게 살이 오른 찐 밤에 맛있는 음식을 머리에 이고 지게에 지고 온 식구들이 총출동해 온종일 즐겁게 보냈었다. 그때 먹던 고추장에 담근 감 장아찌는 정말 맛있었다. 요즈음 운동회는 너무 삭막하고 운동회 맛이 나지 않는다. 학교측에서 가족들이 오지 못한 아이들을 배려해 가족들이 온 아이들도 엄마 근처에는 가지 못하게 했다고 손녀들은 우리 근처에는 얼씬도 하지 않았다

학부모 단체 달리기 시간이다. 며느리보고 나가서 뛰어보라고 하니 싫다고 뒤로 빠진다. 열심히 달리는 모습이 멋지고 재미있다. 가까이서 얼굴 표정을 보니 더욱더 재미있다. 오로지 뛰어야만 살 수 있다는 표정이다. 살이 많이 찐 어떤 아줌마는 달리는 것인지 걸어가는 것인지 모르겠다. 용기 있는 그 아줌마 덕에 재미가 더하다. 그 용기에 박수를 보낸다. 오늘의 하이라이트 '빛의 속도로' 남자 계주다. 1학년 달리기가 시작되었다. 아이구 저걸 어쩌나 신발이 벗겨 져버렸다. 1학년 아이가 벗겨진 신발을 신느라고 끙끙대는 바람에 백군이 어부지리로 이겼다. 여자 계주는 앞 서거니 뒤 서거니 역전에

역전을 반복하는 재미있는 경기를 하다가 청군의 역전승이다. 총 점수는 동점이다. 승부는 응원 점수와 질서를 합해서 백군이 승리다. 이인, 이수, 만세!!

우리 아이들 운동회 때에 비하면 싱겁기 짝이 없는 운동회다. 공부에만 매달리다 보니 언제 연습을 제대로 할 수도 없었을 것이다. 요즈음엔 남자선생님 부족으로 남자아이들 경기를 연습을 시킬 수도 없어 간단한 달리기 밖에 별다른 경기가 없다. 남자선생님 한 분이 이리 뛰고 저리 뛰고 제일 바쁘다. 이러다가 운동회가 아예 없어지지나 않을까 염려 된다. 물질은 풍요롭지만 정서적으로 메마를 수 밖에 없는 세태가 안타깝다. 나 어린 시절 운동회는 가을 흔들리는 코스모스와 함께 시작되었다. 발갛게 익어가는 감과 토실토실 살이 오르는 밤, 무엇보다도 온 가족이 빠짐없이 총 출동하는 큰 행사였다. 즐거워야 할 운동회가 아린 추억으로 남아 있다. 운동장은 온통 사람들로 넘쳐났지만 새엄마가 오지 않은 운동장은 추수를 끝낸 들녘 같았다. 코스모스 하늘 거리는 언덕에 앉아 하염없이 눈물을 흘렸던 기억만이 가슴을 적신다.

유채연

시 작 노 트

가로수들이 헌옷을 벗는다
누군가의 발자국 소리가 성큼성큼
들린다

詩

낮잠

隨筆

풍경소리 차고 맑다
천천히, 아주 천천히
징검다리

유채연

「문파문학」 수필부문 신인상 등단, 한국수필가협회 회원, 문파문학회 회원, 동남문학회 회원, 제5회 동남문학상 수상, 제1회 백교문학상 수상, 저서 : 공저『하늘 닮은 눈빛 속을 걷다』 외 다수 e-mail 〈yolran@hanmail.net〉

01

낮잠

밤새 꿰매다 내다 버린 생각 하나
달그락 빈 밥그릇 같은 거리를
구르고 있다

해거름 장의사 앞을 지나온
허름한 차림의 노인에게 붙들려
어제의 기억을 담은 신문지와
두꺼운 골판지 상자들 사이에 얹혀
서로를 껴안고
울먹울먹 하고 있다

부서지는 나의 기억들
각기 다른 곳에 살던 생각들과 뒤섞여
곳감 담는 상자가 되거나 책이 되거나, 그러면
나 그 책 속으로 걸어 들어가
아무렇지도 않게
한 수백 년 푹 지내야 할까 보다

한잠 잘 자고 났다

풍경소리 차고 맑다

좀이 쑤신다. 며칠째 방안에만 있으려니 답답증이 나고 늦가을 산야가 머릿속에서 너울거린다. 내친김에 바람이나 쏘일까 하고 길을 나섰다. 찾은 곳은 화성에 위치한 보통리 저수지, 그리고 그곳에서 얼마 떨어져 있지 않은 곳에서 무우사無憂寺를 만났다. 무우사 입구엔 '근심 없는 동산' 이라고 새겨진 탑이 내 키 서너 배가 될 만한 높이로 우뚝 서 있었다. 근심 없는 동산이라니, 근심을 털어 놓으라는 것인지 아니면 이곳에 오게 되면 저절로 근심이 사라지게 된다는 것일까. 요즘 들어 부쩍 우울하고 쓸쓸해진 마음에 슬그머니 호기심이 일었다.

잰걸음으로 탑 모퉁이를 휘돌아 언덕을 올랐다. 낮은 처마에 황토색 벽이 소박한 종무소가 먼저 눈에 들었다. 가만 가만 걸음으로 가 종무소 안쪽을 향해 두어 번 인기척을 보내고 기다렸다. 그러나 안에선 아무런 답이 없다. 마루 한쪽에 놓여 진 찻잔에 온기가 그대로 남아 있는 것으로 보아 누군가 있을 법도 한데, 보이는 중생이라곤 오로지 한가로이 뜰을 거니는 닭들과 고양이 두 마리가 전부다. 그냥 돌아가야 하는가. 생각지 않았던 곳에서 오가는 사람 하나 없이 홀로 서 있다는 것이 마치 몸에 맞지 않는 옷을 입은 것처럼 거북하다. 그럼에도 무언가 기대하는 마음이 앞서 잠시 기다려 보기로 했다.

마루 끝에 몸을 걸치고 숨을 고른다. 그리고 천천히 나의 근심을 들여다보았다. 오랫동안 관절염으로 고생하던 어머니가 얼마 전에 돌아가셨기 때문인지, 나는 요즘 노후와 건강에 대한 걱정이 많아졌다. 여름 내내 고관절로 고생을 하고 이제 좀 괜찮은가 싶더니 무릎이 아프고 고혈압이 재발되었다. 날씨가 차가워지면서 고통은 더한다. 무릎과 다리에 통증이 오거나 머리가 터질 것처럼 아파오면, 당장 무슨 일이라도 일어날 것만 같아 가슴을 졸이고 지레 겁을 먹곤 한다. 이처럼 병에 대한 것도 근심이련가. 아무튼 갖은 처방에도 통증이 잦다보니 이것도 근심이라 말할 수 있겠다.

발길을 돌려 대웅전으로 향했다. 경사가 완만한 능선 위에 자리한 대웅전 앞에 서자 멀리 산 아래 마을 정경이 한눈에 내려다보인다. 사방이 고요하고 적막한 가운데 이곳 역시 인적이라곤 아무도 눈에 뜨이지 않는다. 뜰 한쪽엔 가을 서리에 늘어진 배추가 화초밭 가장자리에 줄지어 있다. 닭들이 배추 잎을 쪼아먹고 있고 마주보이는 언덕길에는 강아지 한 마리가 미동도 없이 앉아 있다. 그렇게 얼마쯤 시간이 지나고 몸이 추워질 즈음 어린아이 손을 잡은 남녀가 언덕길을 오르는 것이 보인다. 그네들은 내 쪽은 쳐다보지도 않은 채 곧장 대웅전 안으로 사라졌다. 결국 걱정과 근심은 혼자만의 몫으로 남는다.

외국에 뿌리내린 나의 분신들, 행여 나중에 혼자 남겨졌을 때를 생각하면 두려운 마음에 당장이라도 자식들 곁으로 가고 싶다. 그러나 이곳에 내린 뿌리를 다시 거두기란 생각보다 쉽지 않은 일이다. 오랜 이민 생활을 접고 역이민을 하게 된 까닭은 고향에서 편안한 노후를 보내며 나를 위한 시간을 갖는 거였다. 그런 까닭에 이곳에 길들여진 정서와 문화에서 다시 벗어나기란 쉽지 않다. 무엇보다 가정을 이루고 사는 자식들에게 짐이 되고 싶지 않다는 생각에 선뜻 용기가 나지 않는다. 그런데도 통증이 몰려오기라도 하는 날이면 곁에 자식들이 없다는 것이 늘 불안하고 근심은 더하기 마련이다.

언젠가 산에 오르다 버려진 자전거를 본 적이 있다. 자전거는 산을 오르는 나를 향해 허리를 틀고 내려다보고 있었다. 몸체는 녹이 슬고 찢긴 타이어는 바퀴에 매달려 너덜거렸다. 많은 세월 눈비를 맞으며 험준한 산길을 달렸을지도 모를 자전거, 그런 자전거가 노쇠해지자 누군가 버리고 간 모양이었다. 늙고 병든 노인을 보는 것 같아 마음이 아팠다. 내게 주어진 나이쯤 되면 서서히 질병과도 동행해야 한다고 하지만 어쩌랴, 나는 아직 마음에 준비가 되어있진 않은걸. 겨우 나의 마음을 다독인 것은 누구에게나 나이가 들면 노후의 대한 걱정과 근심이 알게 모르게 스며드는 것이라는 거였다.

“마음은 비우셨나요?” 언제 왔는지 대웅전 안으로 사라졌던 여자가 곁에 와 인사를 건넨다.

“비우긴요, 또 다른 것으로 채워 질 텐데요…….”

어느새 해거름이 찾아왔다. 비낀 햇살에 드러난 낙엽이 사부작사부작 움직이고 있다. '근심 없는 동산' 은 인적은 없고 바람 소리, 물소리, 새소리로만 가득하다. 어쩌면 지금 내 마음에도 그와 같은 자연의 소리로 가득 찼을지도 모른다. 문득, 눈앞에 스쳐가는 것이 있었다. 때가 되면 순이 돋고 무성한 잎으로 가지를 뻗어 그늘을 만들다 마지막엔 아낌없이 자신을 불태워 붉게 타오르고 떨어지는 나무들이 보인다. 작던 크던 어디에 있느냐가 중요하지는 않을 것이다. 최선을 다하는 것이 참된 것이 아닌가. 자연의 이치처럼 순리에 따라 최선을 다해야겠다는 생각을 해본다.

때마침 쪼르르 아이가 달려와 제 어미에게 무언가를 건네고 돌아선다. 작고 앙증맞은 돌이 예쁘다. 여자는 아이가 건네준 돌을 대웅전 앞 돌계단에 가지런히 올려놓는다. 그리고 그 앞에서서 합장을 한다. 나도 돌 하나를 집어 그 위에 올려놓았다. 풍경소리가 차고 맑다.

천천히, 아주 천천히

청명한 아침이고 기분 좋을 만큼의 산들바람이 부는 날이다. 밤새 가을을 재촉하는 비가 내렸다. 그새 담 밑에 꽃봉오리는 새끼손가락 마디쯤은 더 자랐고 가로수의 초록도 한층 더 짙어졌다.

깨끗함이 무엇인지 아낌없이 보여주고 있는 집 근처 산책로, 어린아이가 뒤뚱거리며 빠르게 걷고 있다. 뒤를 따르던 아이엄마가 금방이라도 넘어질 듯 불안한 걸음의 아이에게 '천천히, 천천히' 를 외치며 다급하게 가 붙잡는다. 마침 그 앞을 지나던 나의 발걸음도 저절로 늦춰지고 말았다. 천천히 라는 말은 요즘 들어 부쩍 무엇엔가 쫓기 듯 급하게 서두르는 나 자신에게 자주 해오던 말이기 때문이다.

어릴 적엔 말투가 너무 느렸던 까닭에 친구들 사이에 놀림을 받곤 했다. 특히 선생님 앞에 서면 제대로 말도 못하고 머뭇거려 안타까운 마음에 결국엔 울상이 되곤 했었다. 성년이 되고 나서도 느긋한 성격과 말투는 여전했다. 남학생들과 미팅을 하고 난 다음날이면 뒷이야기를 듣고 싶어 하는 친구들에게 전날의 이야기를 털어놓아야 했는데, 가뜩이나 말투가 느린 나는 사설까지 풀어놓느라 성질 급한 친구에게 된소리를 듣기도 했다. 그랬던 내가 세월을 지나며 그네들 못지않게 말투도 빨라지고 성격도 급해졌다. 그런 나를 보며 깜짝깜짝 놀란 적이 한두 번이 아니다.

그리도 서두르는 까닭은 왜일까, 마음 속 어딘가에 바쁘게 살았던 젊은 시절의 흔적이 남아있기 때문은 아닐까. 오랜 세월 바쁘게 내달음친 습관인지 아니면 남은 삶 동안 해야 할 일들이 아직 많이 남아있기 때문인지 모를 일이다. 흘러버린 세월에 아쉬움과 뭔지 모를 조바심에 잠 못 이룬 적도 있다. 예기치 않은 일들과 준비 없이 맞닥뜨리는 일들을 경험하면서 어떻게 살아야 하는가를 알았을 때는, 살아갈 날이 살아온 날보다 길지 않다는 것을 알고 난 후다. 살면 얼마나 더 살겠다고 그처럼 서두르는지, 스스로 다스려지지 않는 성급함이 내 안에 숨어 세상에 내어놓은 나를 담금질 해 대는 것은 아닐까.

전철을 타고 다니다 보면 전철에서 쏟아져 나온 사람들이 한꺼번에 뛰어가는 광경을 본 적이 있을 것이다. 출퇴근 시간이면 우르르 몰려가고 몰려온다. 한국을 방문한 어느 외국인은 그 광경을 보고 불이라도 난 줄 알고 놀라 기겁을 한 적이 있다는 이야기도 있다. 그처럼 뛰지 않더라도 밖으로 나와 버스를 기다리는 줄에 서 보면 결과는 별 차이가 나지 않는다. 나를 제치고 뛰어갔던 사람과의 거리는 불과 몇 걸음 차이다. 내일을 향해 질주하는 바쁜 발걸음. 허겁지겁 숨 고르지 않고 앞만 보고 내달리는 삶이 가여울 때가 있다. 가끔은 산도 보고 하늘도 바라보는 마음의 여유가 보다나은 내일을 예기한다는 것은, 이순을 바라보는 지금의 나이가 되어서야 비로소 알게 되었다.

사람은 태어나 바로 서 걸을 수 있을 때까지 이천 번이나 넘게 넘어져야 바로 설 수 있다고 한다. 바로 선 후라도 세상을 살며 학업에, 생업에 혹은 사랑에, 수없이 일어섰다 넘어지곤 하며 살아간다. 산다는 것은 흐르는 물과 같아서 유유히 흐르는 냇물 같던 삶도 풍랑과 소용돌이를 만나고 때론 폭포와 같은 걷잡을 수 없는 순간을 맞이하기도 한다. 빠른 속도로 앞만 보고 달리던 자동차가 자칫 급 브레이크라도 밟게 되는 날이면, 타이어의 거친 외마디소리를 듣게 되는 것처럼 빠른 것만이 능사는 아니다. 천천히 한 박자 쉬고 난 다음 주위를 돌아보고 그들의 충고도 귀 기울여 볼 일이다.

오래 가려면 천천히 가란 말이 있다. 수능을 앞둔 조카의 얼굴은 창백하다 못해 병색이 완연했다. 얼마나 힘들었으면 그럴까 안쓰러운 마음이 든다. 어른들의 욕심만큼이나 무거운 가방을 메고 종일토록 학원가를 돌아다니는 아이들, 가쁜 숨소리가 귀에 들리는 듯하다. 뇌성을 머금고 정박해 있던 구름 함대나 떼 지어 하늘을 날던 새들도 몸이 무거우면 땅에 내려와 발자국을 남기고 가는 법, 하루의 무게를 견디기 힘들어하는 아이들에게 '잠시 쉬었다 가렴' 하고 말해주고 싶다. 오래 씹은 밥에서 단맛을 더 느낄 수 있는 것처럼 천천히, 아주 천천히 그러나 쉬지 말고 열심히 하다 보면 언젠간 하고자 하는 목표에 이르지 않을까.

어느새 황혼이다. 삶의 궤적을 천천히 돌아보아야 할 나이다. 고속도로를 달릴 때에는 주위의 풍경이 눈에 잘 들어오지 않는다. 하지만 꽃길 따라 끊어질듯 이어지는 국도를 천천히 지날 때면 잔잔한 평온이 가슴에 젖어드는 것을 느낄 수 있다. 차분한 마음으로 들길이나 모래 위를 걷다보면 발밑에 닿는 감촉이 가슴을 따듯하게 만든다. 그런 마음으로 나를 뒤돌아보고 주위를 살피면 힘겨운 사람들의 가슴도 읽을 수 있고, 상처받은 이웃이나 이런저런 고민으로 가슴 아픈 친구의 눈빛도 헤아릴 수 있을 것이다.

지금 당장 곁에 있는 사람의 눈동자부터 천천히 들여다 보아야겠다. 산들바람이 얼굴을 간질이고 지난다.

징검다리

장맛비가 잠시 주춤하는가 싶더니 태풍 불어 물길 넘친다. TV화면에 비친 거리 곳곳엔 자동차들이 멈추어 섰고 바다의 배들은 부두에 붙들렸다. 산사태로 집이 무너지고 토사를 뒤집어쓴 길은 아예 자취를 감추고 말았다. 집 앞 개울가도 예외는 아니다. 둑 아래 개울물, 어른 키만큼 웃자란 풀을 모두 쓸어버리고 수양버들 머리채를 휘감아 나무 가지를 동강 냈다. 어디가 길이고 어디가 허방인지 뽑혀진 풀들과 쓸려온 잡동사니들이 가야할 길을 묻는다. 해가 지면 드문드문 저녁 등불처럼 떠올라 반질거리던 징검다리, 그마저 물길에 잠겨 흔적조차 보이지 않는다. 먹먹하다. 징검다리는 바로 소통을 말하기 때문이다.

화훼장식 수업을 받으며 가깝게 지내는 몇몇의 젊은 친구들이 있다. 한 가지 목표를 두고 함께 희로애락을 하던 사이였는데 언젠가부터 불편한 사이로 변해버렸다. 이유는, 가출을 일삼는 자녀를 둔 친구와 그 앞에서 자식자랑을 늘어놓던 다른 친구와의 언쟁에서 비롯된 것이다. 그동안 쌓았던 정으로 보아 별대수롭지 않은 일이려니 하고 넘겼으나 당사자들 입장에선 큰 상처와 오해로 남았던 모양이다. 서로 소 닭 보듯 말꼬리를 잡고 헐뜯기를 몇 달, 서로의 주장이 워낙 강하다보니 곁에서 지켜보는 우리의 입장도 난처하긴 마찬가지다. 주위에서 몇 차례

화해를 시도했으나 소용이 없었다. 마침 공동으로 작업하던 작품전시 날짜는 다가오고 다급한 나머지 윗사람인 내가 중간 역할을 맡기로 했다.

인사동 쌈지길 뒤에는 가끔씩 들르는 주점이 있다. 말이 주점이지 간단히 식사도 하고 술을 마실 수 있는 곳이라 가까운 사람들과의 약속장소로는 그만이다. 그날 그곳의 여름은 서늘했다. 냉방이 잘된 탓도 있지만 쉽게 마음 문을 열지 못하는 차가운 기류가 주위를 맴돌았기 때문이다. 참으로 난감한 노릇이다. 어디서부터 어떻게 풀어가야 할지 쉽게 접근하지 못하고 망설이고 있을 즈음 누군가가 먼저 물꼬를 터주었다. 그것을 시작으로 주위는 천천히 젖어들었다. 술도 한몫 거든 것일까, 다시는 마주하지 않을 것처럼 등 돌린 사이가 서서히 허물어지기 시작했다. 마치 물밑에 잠겨있던 징검다리가 모습을 드러냈을 때와 같이 애증의 거리는 좁혀지고 분위기는 점점 부드러워졌으며 소통은 자연스럽게 이루어지고 있었다.

개울건너엔 깻잎이며 고추를 심어놓은 자그만 텃밭이 있다. 알음알음 땅주인의 허락을 받아 이웃사람들끼리 나누어 마련한두 평 남짓한 곳이다. 농사라곤 난생 처음이라 아침저녁 들여다보는 재미가 쏠쏠했다. 지지대는 넘어지지 않았는지 물에 쓸려 가버린 것은 아닌지 밤새 잠을 설쳤다. 정오를 지나자 물의 수위는 몰라보게 잦아들고 어느새 얼굴 내민 징검다리, 햇볕에 젖은 몸을 말리고 있다. 장마가 휩쓸다 놓쳐버린 잡동사니가 징검다리들 주변에 너저분하게 쌓여있다. 지푸라기는 물론 망가진 우산이며 붉은 고무함지박이 매달리듯 간신히 걸쳐있다. 어느 곳에서부터 흘러온 것인지 알 수 없는 기름띠가 부러진 나무토막을 잡고 길게 늘어진다. 그럼에도 벌써부터 마음은 텃밭으로 향하고 있었다. 바람은 물비린내를 가져다주고 마주보이는 건너편에선 나무그림자가 넘실거린다. 덩달아 가슴도 출렁인다.

삶을 살아내며 더러는 눈앞이 캄캄하고 난감할 때가 있다. 대개의 경우 비껴가거나 다른 방법을 구하겠지만 능력이 부족한 경우에는 도리가 없다. 아무튼 혼란스럽긴 마찬가지다. 목적지를 앞에 두고도 가야할 길을 가지 못하고 잡힐 듯 빤히 보이는 곳을 앞에 두고도 발을 동동 구르는 안타까움이 있다. 이때 드러난 징검다리는 더할 나위 없는 기쁨이고 꺼져가던 등불의 불씨다. 하지만 징검다리라고 해서 모두가 고르고 반듯하지만은 않다. 때론 기우뚱, 때론 들쑥날쑥 울퉁불퉁하고 간격이 넓어 정신을 한곳에 모으지 않으면 안 된다. 삶에 있어선 그 모양이 더욱 다채로워 신중을 가해야할 것이다. 자칫 물에 빠질 수도 있기 때문이다.

개울 한가운데에 다다랐다. 잠시 서서 주위를 둘러본다. 헐거워진 나무와 나무사이를 벗어난 바람이 시원스레 다가선다. 물소리는 귓가에서 잘게 부서지며 돌에 부딪히는 물살은 아름다운 포말을 만들어낸다. 서 있는 곳은 사방이 열려있어 앞과 뒤를 한눈에 볼 수 있는 전환점이고 시작이기도 하다. 자유롭고 막힘이 없다. 오로지 가고자 하는 방향으로 틀기만 하면 되는 것이다. 그냥 뛰어넘긴 먼 거리, 그럴 때 필요한 것이 바로 징검다리인 것을 생각해보면 사람과 사람사이에 마음과 마음이 건너다니는 소통의 길에는 이해와 배려라는 이름의 징검다리가 놓여있으리라 믿어본다. 멀리서 푸릇한 바람 몰려온다.

전옥수

시 작 노 트

희끗 스쳐가는 찬바람에 숨이 차다
낙엽 하나
내 발자욱 하나…
조금 조금만 더디게 딛고 싶다

詩

전옥수

「문파문학」 시부문 신인상 등단, 문파문학회 회원, 동남문학회 회원, 경기시인협회 회원, 동남문학회 사무국장, 저서 : 『하늘 닮은 눈빛 속을 걷다』 공저 외 다수
e-mail 〈ohksu1003@naver.com〉

01

그럼에도 불구하고 봄은 왔다 – 구제역

방역제 뿜어대듯 하얘지는 머릿속
꽝꽝 언 가슴엔 빈 드럼통 구른다
텅
텅
텅
굴삭기의 난타 울림 허공을 삼키고
길게 또는 짧게
매너 모드 떨림으로 전해오는
허여멀건 신음소리
한 올 빛 찾아 헉헉댄다
보일 듯 들릴 듯
가느다란 호흡 한 소절
짙게 패인 골 따라
높은음자리 두어 개의 맥 그어대고
여물통에 차려진 마지막 성찬 외면한 채
큰 눈망울 속에 스며든 반복되는 새김질이
마른 대지를 흥건히 적신다

흙벽에 걸터앉은 빈 코뚜레가
꿈틀 꿈틀 연둣빛이다

02

지금 열도의 허기는 강도 9.0

쌀을 씻는다
위안부 할머니들의 뿌연 눈물이
쌀뜨물 위로 솟구침을 보았다
한줌 움켜 잡으니
물의 힘이였을까
손가락 사이로 쏜살같이 빠져나가기를 수차례
잡을수록 공허만 휘휘 돌고 돈다

저고리 앞단추처럼
다박다박 박힌 열도의 심장에
쩌 억 쩍 금이 가고
느닷없이 달려온 시속 700km 서슬에
정신 줄을 놓아 버렸다
소금에 절은 내장들 극한의 신음 토해내며
눈 먼 도시가 되었다

밥을 짓는다
마알간 물에 비치는 쌀 알갱이들이
잔잔하던 이와테현 해안의 모래처럼 희고 부시다

따순 쌀밥 한 그릇
쌉쌀한 달래무침
구수한 냉이된장국이 차려진 삼월에
저녁 9시 뉴스가 쏟아내는
열도의 허기 달랜다

03

쓴 알약 녹아 내린다

좁은 계단 비집고 들어간 동네의원
긴 나무의자에
물기없이 앉아있는 뿌연 약병들
당뇨 혈압 관절 기침 천식
저마다의 지독한 캡슐의 사연
가슴에서 쓴 알약 녹아 내린다
핏기없이 꽉 다문 입술
체온계의 붉은 눈금 떨림이
멀뚱멀뚱 흐린 눈동자에 머무는 시각
쿨럭이며 흔들리는 약병 하나
애닯은 바람소리에 숨이 차다
'복부비만해결 주사 1회 2만원' 이라 쓴
벽에 붙은 광고 문구에서
간호사의 닳은 슬리퍼 뒷꿈치에서
쿨럭
쿨럭
쿨럭

04

목선 한 척

서슬 빛 풍랑에 맞서
돛대 위를 아득히 넘나들던 목선 한 척
바퀴 달린 낮은 침상에 고요히 정박했다
벌거벗은 햇살
투명 창 뚫고 달려들자
멀뚱멀뚱 그것만 오롯이 받아 삼킨다
굽이치던 비릿한 바다가
희뿌연 링거 줄 타고
허리춤에 찬 비닐 팩으로
누렇게 차오르고
마디마디 끊어진 프레임 조각들
뱅그르르 한 자리에서만 맴돈다
고요가 한참을 걸어온 시각
앙상한 빛깔의 그녀가
닻줄에 묶인 채
기약 없는 항해를 시작한다
씰룩이는 입가에
성큼 찾아온 어둠이 짙게 묻어 있다

05

매듭이 없다

20kg 쌀 포대
달랑거리는 실밥 하나 잡아
성급하게 버럭! 잡아당기자
더 큰 엉킴이 되었다
맞잡은 두 올의 수비가 버틸 뿐
쌀 포대에는 매듭이 없다
나
직
히
실마리 찾아 두 손으로 당기면
토로로로 풀려가는 포대의 아귀
속이 후련하다

쌀 포대는 매듭이 없다

06

십이월의 손익계산서

겨울 벽에 등짝 붙인
달력 한 장
그늘진 눈빛 휑하다
열한 번을 지우고도
풀지 못한 방정식
하얀 벽에 매달려
닳은 손톱만 물어뜯는다
설경 아래 남겨진
서른한 개의 숫자들
앞다퉈 두세 배속으로 질주하고
러닝머신 속에 갇혀 헐떡이던
고단한 호흡은
몇 통의 부고 소식과 함께
소란스런 캐럴 속에 묻혀진다
삼각고지 아래 삼 분의 일 지점
흔들리는 자선냄비의 공허가
붉은 호피무늬 코트 여인의
주머니 속에서 얼어붙은 십이월이다

07

낡은 시집

두어 달 소식 없던 그가
붉은 입술 파르르 떨며 내 집에 찾아들었다
화끈거리는 속내 들키지 않으려
손바람 일으키며
흘러내린 머리카락 연신 귀 뒤로 넘겼다
칠월 장맛 길이 쉽지 않았겠지
팔월 햇살 뜨거워 늦었겠지
늘어진 고무줄처럼 미지근한 독백이
낡은 시집 목차에서 머뭇거리다
50과 51쪽 사이에 납작 엎드려 있는
마른 꽃잎 한 소절 만났다
잎맥 부서져 푸석해진 틈 비집고
갈바람 닮은 날개 한 쌍 스멀대며 자라고 있었다

08

분신 - 기 도

뜨겁게 달궈진 가마에서 단내 풀풀 나고
심장 고동 두근두근 끓어 요동친다
365일 품어 안고 심은 기도의 씨앗
은하 물결 이루어
무지개 다리 건너 하늘과 맞닿은 날

온 우주를 품에 안았다

허정예

시작노트

타오르는 붉은 단풍처럼
뜨겁게 사랑하며
시인의 길 갈 수 있다면

詩

허정예

「문파문학」 시부문 신인상 등단, 동남문학회 회원, 문파문학회 회원, 경기시인협회 회원, 저서 : 공저 『시간 속을 걸어가는 사람들』외 다수
e-mail 〈hja1973@naver.com〉

01

그 남자

젖은 풀잎이
호심 따라 피어나는
호숫가에
무작정 기다리던 그 남자의
뜨거운 화살에 꽂혀 버렸다
사랑과 미움을 줄 당기며
계절마다
바람은 꽃잎 따라 흘러가고
어리기만 한
나뭇가지 큰 울타리 이루었다
미움과 고움이 곰삭아
강물 되어 흐르고
삶의 가파른 허리마다
꽃들은 피고 지고
당신의 품이기에
은혜의 샘물 한 움큼씩
퍼 올리며
오늘도 시를 쓴다

02

중간고사

너는
발전의 기회이자 스트레스다
밤새 설친 몸으로
동행해주는 차에 올랐다
숱한 바람이 지나간 양
맘껏 물들인 단풍들도 떨고 있다
오늘따라
만학도의 길은 가파르다
세월의 무게가 삶에 지쳐
바람 든 무처럼
허허롭다
가슴이 죄어온다
시간은 멈춰져
허기진 시간도 잊어버린 채
흔들리는 갈대 위에 곡예사처럼
외줄을 건넜다
다시
힘이 주어진다

03

가을 산

시월 마지막 날
숱한 바람이 지나간
가을 산들이
불꽃놀이 하고 돌아간다.

빨 주 노 꽃잎 모아
끼워놓은 책갈피에
사랑 노래 곱게 빚어
추억의 한자리 남겨둔다

사철을 꿈꾸며
꽃을 피워내던 그 긴 시간을
갈잎은 바람에 부벼대며
잎 털어 내는 몸짓이 쓸쓸하다
흰 구름이 나폴 대는 저 산 넘어
또 하나의
가을 산이 옷을 벗는다.

04

천리향 꽃

햇살 스며드는 겨울 창가에
다물었던 꽃봉오리
향기의 꽃
천리향으로 햇빛 사랑
독차지했나 보다
마른 입술로, 인내하며
붉은 수맥 흘러
고운 빛 자아내는
한 송이 자주 꽃
너의 향기가
너의 꽃 이름표가
메마른 영혼 두드린다
이제
당신의 향기처럼
구원의 메시지
천 리까지 전하고 싶다

05

저녁 바다

짭짤한 물만 감도는
푸름이 짙어가는 까만 바다
싱그러운 바람 따라 망망한
수평선 위에
고깃배들 춤을 춘다
파도 따라 물결치는 수면 위에
별들은 바닷물에 몸을 담그고
또 다른 별들과 구름다리 만들어
은하의 강 이룬다
숱한 밀어가 오고 가는 바닷속
억 만년 비밀이
세월의 가슴에 묻힌 채
오늘도 파도는
태양이 솟는 분화구 찾아
밤새도록 춤을 춘다

06

추억의 한자리

광교산, 허리를 감돌던 운무가
안개비 되어 가랑가랑 내린다
약속시간 맞추어
버스에서 내리는 얼굴들
유월의 장미처럼 화사하다
광교산 입구 식당
마주 앉은 식탁엔
파전 도토리묵 보리밥 잔치국수
열무김치 한 상 차려지고
동동주 한 잔에 홍시가 된 얼굴들
지칠 줄 모르는 이야기꽃
숲의 향기에 취했다
오후의 햇살에 이끌리어
호숫가에 자리를 펴고
끈끈한 정 다져 가며
나무들에게 들려주는 시낭송
석양도
머뭇거리며 엿듣고 있다

07

광교산

시루 봉
형제 봉
아버지 어깨처럼 든든하다

날마다 숲의 향기 찾아
천년수 약수터
힘차게 오고 가면

봄 여름 가을 겨울
새롭게 태어나는
신비의 山

병든 몸 일으켜 세우고
포근하게 맞아주는
어머니 앞가슴처럼

초록 물결 넘실거리는
골짜기는,
생명의 푸른 소리 흐른다

08

분신 – 안경

침대 머리맡 유리알 맑은 세상
두 다리 세우고 누었다가
책가방 속 숨죽이고 앉았다가
무심히 너를 부르면
얼굴 더듬으며. 눈 되어준 너
투명하지 못했던 내 안에 세상
너와 만나며 마음의 창 열었다
그 버거웠던 시험 준비
네 맑은 유리알 수고였다
너를 집 밖에 버려두어
다리가 부러지고 상처나 병원에 간 적이
한두 번인가, 한시도
없으면 맹인이 될 수밖에 없는데
어둔 세상 네 맑은 눈동자로 볼 수 있기에
백 년의 푸른 꿈 꾸며
오늘 밤도 밤하늘의 별을 본다.

박경옥

시작노트

현관 신발장 위에 놓인 한 알의 탱자
그 노오란 빛깔의 향기
누군가의 마음에 닿는다는 것은 살짝
스쳤다 사라지고 다시
돌아와 저렇게 낯익은
냄새로 기억되는 것 탱자의
빛깔로 남고 싶은 가을날의 오후

詩

오래 된 골목
분신

隨筆

봄날, 그 달콤한 배려
숯불 다리미
그건 사랑이었네

박경옥

「문파문학」 신인상 수필부문 등단, 동남문학회 회원, 문파문학회 회원, 경기시인협회 회원, 한국수필가협회 회원, 한국카톨릭문인회 회원, 제9회/10회 동서커피문학상 수필/시부문 수상 ,현) 독서논술교사, 저서 : 공저 『하늘 닮은 눈빛 속을 걷다』 외 다수 e-mail 〈beron1220@naver.com〉

01

오래 된 골목

푸성귀 같은 아이들 웃음소리
앞집 마루까지 들리던 낡은 골목길

어스름 날 저물도록
자치기 깡통 차기 흙냄새 펄럭이다
밥 먹으라고 부르는 어머니 목소리에
아이들 하나씩 달려가 버리고 나면
골목길도 꾸벅꾸벅 졸음에 겨워
어느새 하늘엔 별 총총히 피어났다

팥 칼국수 만들어 이집 저집 돌리고
골목 한쪽 평상을 펴고 지나가던 사람들 불러
푸짐하게 한 사발씩 퍼주던 손때 묻은 인정이
담벼락 밑 채송화처럼 피어나던 길

오래전 버리고 떠난 허름한 그곳에
잉크 냄새 물씬 나는 편지와
구부러진 길 끝 만화방에서 들리는
아라비안나이트가 초저녁 달을 밝히고

시계처럼 정확히 퇴근하시는 아버지 자전거소리
나비의 더듬이 같은 시간에 걸려 숨쉬고 있다

낡은 골목 한 귀퉁이에 서서
내 이름 푸르게 색칠하고
휘파람이라도 불고 싶은 날

02 분신 – 고운별*을 위하여~

봄날, 꿈을 꾸었지
싸리 꽃으로 울타리를 엮은 그 집
우물에서 막 건져 올린 잉어
두 손 가득 은빛이었어
붉은 때 선명한 호랑이도 품에 안겼지
밤이면 달빛 노랗게 쓰다듬다 가고
새벽이슬 흠뻑 살을 적시기도 했어

고추잠자리 날개처럼 투명한 가을 아침
하얀 눈 나비처럼 날던 겨울 저녁
너희들 고운별로 내 가슴에 날아왔지
그래 꿈은 아니었어
나로부터 나와 또 다른 내가 된 나무와 별
고운 잎새 어느새 자라 초록 향 날리고 있네!
가끔은 새들도 쉬어가게 가지도 내어주고
세상 시름 지워주는 큰 별로 반짝이렴
오누이 정답게 등 대어주면서

---

*고운 : 딸 이름
별 : 아들 이름

봄날, 그 달콤한 배려

창을 통해 들어오는 햇볕이 참 따스하다. 유난히도 춥고 길었던 올 겨울, 아파트 뜰에 서 있는 나무들은 아직 가지들이 서늘히 비어 있지만 혹독한 추위를 견디고 봄을 향해 고개를 들고 있는 모습이 대견해 보인다. 뿌리 속에 품고 있던 물기를 퍼 올리는지 가지 끝이 노란 빛살무늬 햇살로 반짝인다. 드디어 봄은 오나 보다. 심술 맞은 꽃샘추위가 아직 남아 있긴 하지만 갑작스레 찾아온 따뜻한 봄볕이 횡재나 한 것처럼 반갑다. 아무래도 집안에 있긴 아까운 날씨다. 도서관이라도 다녀올까 싶어 외출 준비를 하는데 전화벨이 울린다. 오랜만에 밖에서 차 한잔 하자는 친구의 전화다. 운전에 서툰 나를 위해 차를 가지고 데리러 오겠단다. 친구지만 늘 언니처럼 챙겨주고 마음 써주는 그녀의 배려를 오늘은 특별히 거절하고 버스를 타기로 했다.

정류장으로 가는 응달진 길목엔 아직도 잔설이 얼어붙어 빙판이다. 어제 오늘 햇볕이 저리 부드럽고 따사로운데 아파트 그늘에 가린 골목길만큼은 양껏 줄 수 있는 빛이 아닌가 보다. 양지 쪽 지나는 사람들 옷자락에서 봄 냄새가 물씬하다. 언제 저렇게 옷들이 상큼해졌을까? 너무 이른 감이 있다는 생각이 들 정도로 짧은 미니스커트에 하늘거리는 블라우스를 입은 아가씨가 혼자서 큰소리로 웃고 떠들며 걸어간다. 휴대전화로 통화중이다. 참 우습다. 휴대전화가 보급되면서 우리 주변에서 흔히 볼 수 있는 진풍경이다. 아무리 밖이라 해도 누가 있건 없건 혼자서 큰소리로 통화 하는 모습이 눈에 거슬린다. 어쩌면 나도 그런 모습 한 번쯤 보여주었을지도 모른다는 생각에 슬그머니 부끄럽다. 좀 더 조심해야겠다는 생각을 한다.

버스를 타고 자리에 앉는다. 직접 운전을 하고 다닐 때는 늘 긴장을 하는 편이라 바깥 풍경이 편안하게 들어오지 않는다. 어쩌다 버스를 탔을 때 갖게 되는 이 나른한 평화가 나는 좋다. 모처럼 느긋한 마음으로 창밖을 보며 이 생각 저 생각에 빠져 있는데 갑자기 옆자리에 앉은 남자의 말소리가 들린다. 또 통화중이다. 목소리가 너무 커서 신경을 쓰지 않으려 해도 내용이 다 들어온다. 어제 어디 갔었는데 전화도 안 받고 뭘 했느냐 나는 뭘 했는데 되게 심심했다 등등 시시콜콜한 이야기가 끝이 없다. 다음엔 친구 흉 보는 이야기로 넘어간다. 욕설까지 섞어 가며 민망한 이야기도 서슴이 없다. 마치 버스 안이 자기 집인 듯 착각을 하는 것 같다. 머리가 아파서 더 이상 들을 수 없어 옆을 보며 눈총을 쏘아도 소용이 없다. 버스가 출발한지 20여 분이 지났는데 계속 떠들고 있다. 전화요금은 얼마나 나올까 오지랖 넓은 걱정도 된다. 나른하고 느긋한 평화를 즐기려고 버스를 탔는데 와르르 깨져버린다. 주변 사람들을 의식하고 배려해주는 공동체적인 의식이 부족한 탓이다.

몇 년 전 동창들과 고향에서 은사님 만날 일이 생겨 기차를 타게 되었다. 갈 때는 혼자였다. 모처럼의 기차여행이라 들떠 있었는데 대학생으로 보이는 남학생이 MP3를 목에 걸고 내 옆자리에 앉았다. 잠시 후 랩 섞인 음악이 내 귀를 자극했다. 빠른 템포로 들리는 소리가 얼마나 크던지 가사까지 선명하게 들려왔다. 눈을 감고 잠시 졸고 싶어도 정신이 말똥거렸다. 한 시간 정도를 기다리다가 소리를 조금만 줄여 줄 수 없느냐고 친절하게 부탁했다. 조금 줄여주는 척 한다. 그러나 별 소용이 없다. 그날 기차여행은 엉망이 되었다. 나만 좋으면 된다는 이기주의적인 사고방식, 좀처럼 타인에 대한 배려와 존중을 찾아 볼 수 없을 때 가슴 한쪽 깊은 슬픔을 느낀다.

'배려' 라는 책에 보면 '인간 세상은 배려에서 출발한다. 예의범절이나 법질서 제도 같은 모든 것이 서로를 위한 배려에서 나온 것이다.' 라고 한다. 예수나 석가, 공자. 소크라테스 같은 성인들도 제각각 다른 표현으로 인간의 도리를 강조 했지만 그것을 꿰뚫는 공통된 원칙은 바로 '배려' 라는 것이다. 사소한 것이라도 배려는 우리의 마음을 움직이고 따뜻하게 해주며 때로는 삶의 방향까지도 바꿀 수 있다는 말이다. 엘리베이터나 빌딩 문을 열고 들어 갈 때 뒷사람을 위해 문을 잡고 서서 잠시 기다려주는 배려는 사소한 것이지만 사람들을 즐겁게 해준다.

자기 자신의 편리함 보다는 남을 생각해주는 사람 중에 성당에서 만나는 어느 노부부가 있다. 우리 성당은 조립식으로 지어졌기 때문에 성당이 좁은 편이다. 2층은 성가대원의 자리라서 일반 신자들 자리는 옆쪽으로 몇 줄이 안된다. 자리가 부족해 좀 늦게 오는 사람들이 주로 2층으로 가게 되는데 그 부부는 언제나 2층 맨 앞줄 오른쪽 끝에 앉아 계셨다. 나도 몇 번 뒷모습만 본 적이 있다. 형제님의 키가 유난히 크기 때문이다. 사람들은 늘 자기가 앉던 자리에 앉게 마련이라 그분들도 그 자리가 좋아서라고 생각했다. 그런데 우연히 어느 모임에서 이 부부가 늘 그 자리에 앉는 이유를 듣게 되었다. 형제님이 키가 너무 커서 1층에 앉게 되면 뒤에 앉은 사람이 자기 때문에 앞이 잘 안보여 불편할까봐 늘 그 자리에 앉는다는 것이다. 벽이 있는 오른쪽 맨 끝에 앉으면 뒷사람이 잘 보여 편안할 것이라는 타인에 대한 배려다. 그 이야기를 듣는 순간 가슴 한쪽이 따뜻해지는 걸 느꼈다. 모임에 참석한 사람들이 고개를 끄덕이며 미소 지었다.

가슴과 가슴으로 느껴지는 그 무언가의 힘은 바로 배려였다. 배려는 사소하지만 위대한 것이라는 말에 절대 공감한다. 노부부의 배려가 많은 사람들을 행복하게 한 것처럼 우리 모두가 주위를 둘러보며 누군가를 배려하고 존중해주면서 서로 행복해졌으면 좋겠다. 배려는 주고받아야 더 커진다. 그것이 사랑으로 이어지는 아름다운 삶이겠다. 봄빛 가득한 찻집 문을 가만히 열고 뒷사람이 들어오기를 잠시 기다려본다. 봄날, 달콤한 향기가 햇살처럼 환하다.

숯불 다리미

푸른 녹이 점점이 박혀 있다. 큰 대접 크기의 둘레는 세월을 곡선으로 돌아가다 멈칫거린 흔적처럼 울퉁불퉁 꺾여 있다. 손때가 잔뜩 묻은 낡은 나무 손잡이는 이미 덜컹거리며 자루 끝 못 하나에 의지 하고 있다. 뜨거운 불을 끌어안고 시름처럼 구겨진 주름을 펴주던 바깥 바닥은 아직도 군데군데 반질거린다. 세월은 얼마나 흘렀을까 몇 십 년이 지났는지 가늠하기도 힘들지만 그 반들거림은 잊히고 싶지 않은 접혀진 기억의 흔적인지도 모른다. 오랜 세월을 뜨겁게 견디고 난 흔적 치고는 밑바닥의 매끄러움이 너무도 곱다.

우리 집 베란다 창가에 세워둔 이 숯불 다리미는 짐작컨대 70여 년은 넘었을 듯싶다. 20여 년 전 내가 시집 올 때 인두와 함께 챙겨 가지고 왔던 물건이다. 외할머니가 엄마와 함께 쓰셨고 또 엄마가 나와 함께 썼던 손때가 묻은 기억을 간직하고 싶었던 이유다. 낡아빠져 보잘 것 없는 이 다리미를 나는 가끔씩 베란다에 앉아 물끄러미 바라보거나 밑바닥의 매끄러움을 쓰다듬어 본다. 결코 순탄치 않았던 외할머니의 힘겨운 삶이 푸른 녹처럼 피어나기도 하고 모녀가 함께 앉아 뜨거운 숯불 다리미를 밀며 지난 이야기들을 펼쳐놓고 있는 모습이 떠오르기도 한다.

외할머니는 슬하에 아들 둘에 딸 둘을 두셨다. 큰 아들은 결혼을 하면서 집 근처로 독립을 시키셨는데 며느리가 아들 하나를 낳고부터 가끔씩 이상한 행동을 보이기 시작했다. 비오는 날이면 밖으로 나가 남의 집 빨래를 걷어 온다거나 혼자서 어딘가를 쏘다니다 들어오고 허공에 대고 무슨 말인가를 지껄이기도 하더니 급기야는 돌이 갓 지난 아들과 남편을 두고 집을 나갔다. 몇 년이 지나 어디선가 재혼을 했다는 소식을 들었는데 잊을 만하면 한 번씩 나타나서 집안을 발칵 뒤집어 놓고 가곤 했다. 제정신이 아닌데다가 집안 장손을 낳았고 한때는 한가족이었던 사람을 차마 쫓아낼 수는 없어 올 때마다 밥도 먹이고 재워주고를 반복했다. 새 외숙모나 외삼촌도 어찌할 수 없는 운명적 관계를 받아들여야 했다. 외할머니는 겉으로 내색하지 않으시고 늘 양쪽을 다독이시며 속으로만 가슴앓이를 하셨다. 외할머니의 화는 그때부터 가슴에 얹혀살았던 것 같다. 늘 가슴에 불이 있는 것 같다는 말씀을 자주 하셨다.

4남매 중 막내인 작은 외삼촌은 동네 처녀와 연애를 하다가 결혼식은 전통 혼례식으로 치렀다. 내가 4살 때쯤 연지곤지 찍고 마당 넓은 농장 집에서 외삼촌과 수줍게 맞절하던 모습으로 나씨 가문과 인연을 맺었다. 외숙모는 음식도 잘하고 농사일도 잘했으며 인정도 많아 사람들이 늘 따랐다. 조카들도 자기 자식처럼 대해서 방학이면 여기저기 언니와 나를 데리고 전주 근처 계곡도 가고 당시 유행하던 지지미 원피스도 양장점에 가서 맞춰주곤 했다. 그렇게 씀씀이가 헤픈 것이 큰 화를 부를 줄은 집안 식구 아무도 몰랐다.

어느 날 빚쟁이들이 들이닥쳤다. 외숙모는 식구들 몰래 친정 남동생 빚보증을 섰다가 동생이 갚지 않자 다른 곳에서 빌려 갚고 그러다가 이자에 이자가 불어 감당할 수가 없자 가출을 하고 말았다. 그러나 이것은 시작에 불과한 것이었다. 빚을 갚고 나면 집에 들어왔다가 어느새 또 빚쟁이들이 찾아오고 또 나가고, 8명의 자식을 낳을 때까지 반복된 외숙모의 숱한 가출은 우리 집에도 그 피해가 미쳤다. 두 살 터울 손자손녀들을 키우면서 농사일까지 해야 하는 할머니를 돕기 위해 엄마는 김제 외갓집을 수시로 드나들어야 했다. 바쁜 농사철에는 아예 며칠씩 외가에서 보냈다. 할머니와 삼촌은 자식들 때문에 할 수 없이 논밭을 팔아 빚을 갚아 주었지만 밑 빠진 독에 물 붓기였다. 할머니는 화병으로 자리에 눕고 삼촌은 마시지 못하는 술을 매일 마시게 되었다. 방학마다 외가에 갔던 나는 겉으로 표현하지 못하고 가슴앓이 하는 외할머니와 삼촌이 어린 나이에도 너무 안쓰러웠다. 그러면서 끊임없이 외숙모를 용서하고 받아 들였던 이유는 숯불다리미의 뜨거운 힘처럼 내일은 주름이 펴질 거라는 희망을 가졌기 때문일 것이다.

외숙모는 결국 막내가 중학교에 들어갈 즈음 영영 돌아오지 않았다. 아니 어쩌면 돌아올 수 없었는지도 모른다. 외할머니는 막내손자가 대학에 입학 하는 걸 보고서야 가슴에 불덩어리를 안고 92세를 일기로 세상을 뜨셨다. 큰 아들을 일찍 가슴에 묻고 돌아가실 때까지 큰 며느리 때문에 늘 화를 안고 사셨던 외할머니, 작은 아들의 알콜 중독을 지켜보시면서 여덟이나 되는 손자들을 키워야 했던 외할머니의 삶은 어쩌면 다리미 안에서 타고 있는 숯불보다 더 뜨거웠는지 모른다.

내가 어렸을 때 엄마는 늘 숯불 다리미와 인두로 다림질을 하셨다. 장작불로 저녁을 짓고 나면 벌겋게 불기가 남은 숯이 되었다. 국자처럼 움푹 들어간 쇠로 된 다리미에 숯을 담아 이불 호청도 다리고 옷도 다렸다. 양손을 벌려 빨래를 잡고 있으면 엄마는 대접에 있는 물을 입안에 가득 머금었다가 구겨진 빨래에 확 뿜었다. 숯불이 벌건 다리미를 대고 쓱쓱 문지르면 주름이 시원스레 쫙쫙 펴지면서 김이 모락모락 피어났다. 엄마는 다림질을 할 때마다 늘 외할머니 이야기를 하셨다. 한숨을 쉬며 '며느리 복 없는 불쌍한 울 엄니' 를 수없이 반복하면서 눈물 바람을 하셨다. 엄마 어렸을 때 외할머니와 함께 그렇게 다림질을 하시면서 옛날이야기를 들었던 것처럼 딸과 함께 다림질 하시면서 엄마는 무슨 생각을 하셨을까 아마도 숯불 다리미 지나간 자리에 펴진 주름처럼 할머니의 시름이 다 펴지기를 바라신 건 아닐까. 새로 나온 다리미에 밀려 숯불 다리미를 쓰지 않게 되었을 때 손잡이에 구멍을 뚫어 벽에 걸어 놓았다. 그리고 세월이 흐르면서 다리미에 푸른 녹이 돋아나기 시작했다.

십년이 몇 번을 더 지났다. 베란다에 세워져 있는 숯불다리를 물끄러미 바라본다. 이제는 그 녹슨 흔적마저 스러져가고 있지만 아직도 숯을 넣으면 빨간 불꽃이 뜨겁게 타오를 것이다. 구순이 다 되어가는 엄마의 가슴엔 결코 다리미로는 펼 수 없었던 외할머니의 깊은 시름이 아직도 남아 있을까. 숯불의 힘이 아무리 뜨겁다 해도 결국 식어버리면 재만 남는다. 우리네 삶 또한 타고 남은 잿불 같은 것이다. 숱한 세월의 흔적으로 다리미의 한 면이 반질거리듯 지난 삶의 흔적도 그렇게 어디선가 반짝이고 있을지 모르겠다.

그건 사랑이었네

그해 겨울 크리스마스에 나는 세상에서 단 하나뿐인 가장 귀하고 아름다운 선물을 받았다. 성탄절이 이틀이 지나서 받긴 했지만 나는 지금도 크리스마스 선물이라고 말한다. 살다 보면 쉽게 잊히는 선물이 있지만 내가 받은 선물은 세월이 지날수록 빛이 나고 자란다. 그것은 내 삶의 기쁨이 되기도 하고 문득문득 나를 자기연민에 빠지게 할 때도 있다. 그렇지만 세상의 모든 것이 그로 인해 반짝이고 숨을 쉰다.

그해 성탄절은 대전에 사는 동생 부부와 함께 보냈다. 나의 첫아이 출산 예정일이 한 달 정도 남아 있어 동생에게 수원으로 와서 크리스마스를 함께 보내고 다음 날 출산용품을 사러 가자고 했다. 내가 워낙 결혼이 늦은 탓에 나보다 먼저 시집을 간 동생은 4살 된 예쁜 딸과 10개월 된 아들이 있었다.

성탄절 다음 날 우리는 백화점으로 가서 이것저것 아기용품을 샀다. 베넷 저고리며 기저귀 이불 등 아이를 키워 본 경험으로 꼭 필요한 것만 골라주는 동생 덕분에 알뜰하게 출산용품을 준비 완료 했다. 하루 종일 쇼핑 다니느라 피곤 하긴 했지만 우리들은 밤늦도록 이야기 하면서 자정 무렵까지 놀다가 잠이 들었다. 며칠 전부터 배가 밑으로 처져 있어 예정일이 약간 빨라질 수도 있다는 말을 무시한 채였다. 초보 운전자들이 가끔 겁도 없이 차선을 무시하고 운전하는 경우가 있다. 그것이 잘못된 것인 줄 모르니 '무식하면 용감하다' 고 하는 것이다. 내가 바로 그런 왕초보 예비 엄마였다. 무리하게 몸을 혹사 시키고도 까맣게 모르고 있었다.

다음 날 12월 27일 일요일 새벽, 남편과 함께 새벽미사를 가기 위해 집을 나섰다. 모자란 잠 때문인지 몸이 유난히 무거웠다. 차를 타고 가는데 가느다란 눈발이 희끗희끗 날리기 시작했다. 아직 어둠이 가시지 않은 하늘에 하얀 나비들의 춤사위가 새벽을 밀어내고 있었다. 차창에 사르르 녹아내리는 눈발이 갈수록 커지고 있었다. 눈이 많이 올 것 같다는 남편의 말에 눈이 펑펑 내리면 좋지 라고 말하려다가 그만 두었다. 문득 집으로 돌아올 때 운전 걱정을 하는 남편의 목소리가 느껴졌기 때문이다.

성당에 앉아 있는데 갑자기 축축한 게 툭 터지면서 뭔가 흘러내렸다. 기분이 이상하고 불안이 밀려왔다. 하혈 하는 게 아닌가 싶어 슬며시 일어나 화장실로 가서 확인해보니 출혈은 아니었다. 맑은 물 같은 게 자꾸 흘렀다. 아직 한 달이나 남았는데 이상하다 생각하면서도 무슨 일이 날 것만 같은 두려움이 엄습해왔다. 미사 도중에 성당을 나왔다. 성당 마당은 어느새 하얀 눈으로 덮여 있었다. 조심스럽게 운전을 하는 남편의 얼굴도 불안하긴 마찬가지였다.

내가 다니던 산부인과 응급실로 전화를 하니 큰 병원으로 가는 것이 좋겠다고 했다. 아기가 체중미달이면 인큐베이터에 들어가야 하는데 개인병원엔 그런 시설이 없다는 것이다. '인큐베이터' 라는 말을 듣자 가슴이 덜컹 내려앉았다. 이런 일이 일어나리라곤 정말 꿈에도 생각지 않았다. 겁에 질린 채 눈물만 흘렸다. 집에서 가까운 종합병원으로 갔지만 일요일이라 전문의가 없었다. 의사 남편인 친구에게 전화를 걸어 위급 상황을 알렸더니 그 병원 산부인과 전문의가 어디선가 급하게 달려와 주었다. 예상대로 양수가 터졌지만 골반이 커서 수술하지 않고 자연분만이 가능하다며 기다려 보자고 했다. 마음이 놓인 탓인지 갑자기 배가 무지하게 고프기 시작했다. 점심식사로 나온 닭고기와 밥이 정말 맛있었다. 자연분만을 하려면 힘을 써야하니 밥을 많이 먹어야 한다는 간호사의 말을 들은 터라 나온 밥을 다 먹었다.

점심을 먹은 지 얼마 되지 않아 슬슬 진통이 느껴지기 시작했다. 허리와 배가 간격을 두고 조금씩 아파오면서 자연분만의 두려움도 커져갔다. 그런데 돌발 사태가 일어났다. 뱃속에서 아기가 똥을 누었다는 것이다. '태변' 그걸 아기가 먹으면 십 중팔구는 뇌에 이상이 생긴다며 급하게 수술 준비에 들어갔다. 나중에 안 사실이지만 수술을 하려면 밥을 굶고 장 청소까지 시킨다고 한다. 그런데 점심을 잔뜩 먹이고 수술에 들어간 것이다. 장 청소를 할 시간이 없었다. 급했다. 휴일이라 무통 마취전문의가 없어 결국 무통이 아닌 일반 마취주사를 맞고 수술실로 들어갔다.

아기 체중이 인큐베이터 안에 들어가지 않을 정도만 돼달라고 정신이 가물가물 할 때 까지 간절히 기도 했지만 내 간절한 바람은 이루어지지 않았다. 2.3kg의 내 딸은 결국 인큐베이터에 들어갔다. 다행히 아기는 건강하다고 해서 마음을 놓긴 했지만 내 무지한 소치로 달을 다 채우지 못하고 일찍 세상에 나와 인큐베이터 신세를 져야하는 아기를 생각하니 자책감에 눈물만 나왔다.

주 5일을 성서공부. 노래교실, 성당 기도모임, 그리고 사군자와 서예를 배우러 다니면서 내가 하는 일이 즐거우면 뱃속에 아기에게도 좋을 거라는 생각만 했다. 조산을 하고 보니 모두 내가 몸을 너무 아끼지 않았다는 생각이 들었다. 그때 조심만 했더라면 하는 후회를 했을 땐 이미 아기는 힘겨운 호흡을 하고 있었다. 그 겨울 12월에만 시댁에서 제사 두 번에 시어머님 생신과 김장까지 했다. 시어머님이 좀 쉬어가면서 하라 했지만 새댁인 나는 형님 눈치가 보여 몸을 아끼지 않았다. 시댁에 다녀온 날은 발도 붓고 배도 아래로 내려와 있었다. 생각하면 참으로 무지하고 바보 같은 예비 엄마였다.

밤 9시가 넘어 마취가 풀리면서 나는 또 심한 고통에 시달렸다. 심한 구토로 밤새 잠을 잘 수가 없었기 때문이다. 수술 전에 밥을 먹은 탓이라 했다. 그 날 먹었던 음식이 다 나올 때 까지 밤새도록 토했다. 남편이 그걸 받아 내느라 정말 나만큼이나 고생을 많이 했다. 차라리 수술부위가 아픈 게 낫지 구토는 정말 참을 수 없을 만큼 고통스러웠다. 하룻밤을 그렇게 속을 다 비우고 나니 이젠 수술부위가 아프기 시작했다. 무통분만이 아니어서 진통제를 두 번이나 맞아야 했다. 통증이 어느 정도 가라앉자 이젠 젖이 불어 아프기 시작했다. 아기에게 젖을 물릴 수 없으니 젖이 퉁퉁 불어 손으로 짜내야만 했다. 손으로 아무리 짜내도 금방 다시 불었다. 퉁퉁 불어 아픈 젖보다 이 아까운 초유를 내 아기가 먹을 수 없어 다 버려야 한다는 사실이 더 가슴 아팠다. 아기가 입으로 몇 번만 빨면 금방 다 없어질 젖은 손으로 짜는 걸로는 부족해 젖몸살이 나고 말았다. 너무 힘겨운 시간이었다.

정신을 차리고 아기를 보러 갔을 때 나는 또 한 번 가슴이 무너졌다. 그 조그만 아기가 인큐베이터 안에서 주사바늘까지 꽂고 누워 있었던 것이다. 황달 때문이라 했다. 정말 미칠 것 같았다. 잠도 오지 않았다. 결국 나는 아기와 함께 퇴원하지 못하고 혼자서 눈물을 삼키며 병원 문을 나섰다. 나는 집에 돌아와서도 매일 몇 번씩 젖을 짜내는 고통을 감내해야 했지만 인큐베이터 안에서 숨을 쉬고 있을 내 아기를 생각하면서 참아냈다.

내가 퇴원한 지 일주일 만에 아기가 퇴원을 했다. 건강한 아기를 보니 그동안의 아픔이 한꺼번에 다 사라지는 것 같았다. 아기의 볼을 대고 부시면서기쁨의 눈물을 흘렸다. 아기를 안고 젖을 먹였다. 젖 빠는 소리, 꿀꺽꿀꺽 젖 넘기는 소리가 얼마나 크게 들리던지 누군가 세상에서 가장 아름다운 소리가 무어냐고 묻는다면 '아기가 엄마젖을 빠는 소리' 라고 대답할 것 같았다. 아기가 젖을 빨자 그렇게 아프던 젖몸살도 사라졌다. 그리고 얼마나 먹성이 좋은지 내 젖을 빨고도 모자라 분유를 더 타서 먹여야 했다. 둘 다 열심히 먹어준 탓인지 몸무게가 금방금방 불어났다.

앞집 새댁의 아기는 4.3키로 수술해서 낳은 우량아였지만 4개월이 되자 그 아이 몸무게를 따라잡았다. 그러면서 잔병치레 별로 안하고 무럭무럭 잘 자라 주었다. 또래 다른 아이보다 일찍 글을 읽어서 주위 부러움도 샀다. 학교에 들어가서도 자기 일은 스스로 알아서 하는 아이로 자라주었다. 백일장마다 상을 타오고 선생님들께도 늘 귀염을 받았다. 인큐베이터에 들어갔던 아이는 허약하다는 선입견을 깨뜨리며 이 엄마의 걱정과 아픈 기억을 모두 다 씻어주었다.

하얀 눈 내리는 날, 크리스마스 선물로 내게 온 아이, 2.3키로 몸무게로 예정 일 보다 한 달 먼저 태어나 인큐베이터 안에서 2주일 동안 안쓰럽게 숨 쉬며 엄마 아빠 마음을 아프게 했던 아이, 그 아이가 자라서 올해 대학생이 되었다. 스무 살 어여쁜 숙녀가 되었다. 지난 3월, 기숙사에 들어갈 짐을 이것저것 챙기자니 꼭 시집 보내는 것처럼 마음이 허전했다. 입사시키고 돌아오는 차 안에서 남편과 함께 20년 전 그해 겨울에 받았던 선물 이야기를 했다. 참으로 소중하고 아름다운 것이었다고 말하는 우리들 가슴속으로 무언가 울컥 뜨거운 것이 흘러들었다. 그건 사랑이었다.

처음으로 가족과 집을 떠나 스무 살의 로망을 펼칠 내 딸의 앞날이 저 창밖 오월의 연초록나무처럼 반짝반짝 빛났으면 좋겠다. 더 짙게 푸르러져서 아름드리 그늘을 만들어 세상의 지친 어깨 기댈 수 있게 하고 새들도 쉬어가게 가지도 내어주는 큰 나무가 되기를 소망해본다.

시 작 노 트

끝없이 나를 설레이게 하는
당신과 시詩의 마력魔力은 무엇일까

강해경

詩

隨筆

강해경

동남문학회 회원, 저서 : 공저『달팽이의 하루』 e-mail 〈girud1106@hanmail.net〉

01

음지식물

그림자로만 살았어야 했는데
빛을 탐한 죄로
지독히도 서늘한 골짜기에 갇혀 버렸네
그럼에도 길들여진 푸르른 적응력이여!

02

우울증

빼꼼하던 하늘이 긴 터널에 갇혀
어둠을 뿜어대던 그때부터인가

파르랗게 잘려나간 잡초들의 입김이
온몸을 뜨겁게 적시던 그때부터인가

악 소리도 내지 못하고 곪아 버린 상처가
딱딱하게 굳어진 그때부터인가

구절초 넘실대는 언덕배기
꽃 무덤 하나 갖고 싶던 꿈
16층 베란다에는
달빛과 세상의 거리를 조율하는 여자의
긴 침묵이 흐르고 있다

03

이별 시리즈 2

돌아보는 시선마다
돌아눕는 생각마다
앙상한 내 공간에
빈 화분처럼 놓여지는
발신금지
수신불가
엉겨붙는 감정들이
밤새도록 뒤척이다
수척해진 아침을 맞는다
사는 건가
살아 있다 해서

04

11월

가슴팍 쥐가 나도록
움켜쥐었던 탐욕들이
조르륵조르륵 새어나가
비틀어진 채 나뒹굴거나

바람에 찢긴 어깨
너덜대는 옷자락으로
훠워이훠워이 불러보는
허수아비의 몸짓에서

온기를 찾아 헤매다
낙엽을 덮고 누워
꼼지락꼼지락 뒤척이는
빈약한 귀뚜라미의 숨결처럼

지금은
무엇을 해도 헛헛하겠네

05

바람 부는 밤

바람이 가슴을 펄럭이게 한다는 걸
알게 되면서
정작 두려웠던 건
펄럭이다 와장창 깨진 파편들이
일제히 날아가
하늘에 박혀 별이 되고
별이 되어서도 둥그럽지 못하여
제 가슴에 날카로운 빗금을 치는 일

06

도시기후

끈덕진 삶 근근이 짧어지고
도로 한 귀퉁이를 꿈틀 기어가다
맥없이 내동댕이쳐진 짐수레
그 곁에 남루한 육신 하나
지난 생을 흥건히 그려내고 있다
허공을 내달리는 수레바퀴
납작 엎드린 폐지 위로
냉랭한 발자국들이 선명해질수록
빌딩 숲에 갇힌 도시는
심한 건조증을 앓고 있다

잠시, 길을 헤매다

운전을 하다보면 정신을 다른 곳에 두고 멍하니 달리는 때가 종종 있다. 그래도 다행인 것은 무심결에라도 신호등을 보게 되어 다시 정신을 가다듬게 된다. 이처럼 살아가는 데에도 신호등이 있어 가서는 안될 길과 가도 되는 길을 구분해 준다면 삶의 묘미는 없을지라도 덜 고단할 텐데 하는 망상에 젖어 보기도 한다. 하는 일에 의욕을 상실하고 인간관계에서도 점점 지쳐 도망치고 싶어 몸살이 날 지경이다.

건강했던 작은딸이 쓰러져 응급실을 찾아야 했다. 여러 가지 검사를 해봐도 원인이 나오질 않았다. 그렇게 한번씩 애간장을 녹이더니 어느 날 학교에 가려던 아이가 갑자기 왼쪽 무릎에 쥐가 나 종아리 쪽으로 마비가 와서 걸을 수가 없다는 것이다. 부랴부랴 병원으로 데리고 가 MRI 검사와 신경계통의 검사를 해봤지만 또 원인불명이다. 가슴이 타들어 갔다. 모든 것이 내 잘못인 것만 같아 자책하기 시작했다. 딸은 이상한 꿈을 두 번이나 꾸었다며 꿈 이야기를 해주었다. 같은 또래의 여학생이 다리를 빌려 달라는 꿈을 꾸었다며 무섭다고 말하는 딸의 이야기를 들으니 불안한 생각이 머릿속을 가득 매웠다. 건강하던 아이가 갑자기 쓰러지는 것도 그렇고 원인을 찾지 못하는 것 또한 이상했다. 더는 지체할 마음의 여유가 없었다.

위치를 물어 찾아간 곳은 경기도 신갈에 위치한 보살 집이었다. 쪽진 머리에 남자상을 한 보살이 신당으로 안내하더니 노트에 마치 신들린 양 무언가를 적어내려 갔다. 잠시 후 말을 하기 시작하는데 마치 뒷조사라도 한 것처럼 정확했다. 그런 보살에게 줄줄이 하소연을 하고 말았다. 그랬더니 아이가 칠성님의 자손인데 액을 풀어주지 않아 앞으로도 계속 아플 것이고 가출을 할 수도 있다며 굿을 하라고 종용했다. 비용은 저렴하게 삼백만원에 해주겠다며 자식 일에 돈 아끼지 말라고 자존심에 일침을 가했다. 일주일의 말미를 달라고 한 뒤 지인들에게 상의를 했다. 사람의 마음속에는 자기 합리화가 차지하는 비율이 얼마나 될까? 언젠가 공금 몇십억을 굿하는 일에 써버렸다는 기사를 보고 한심해 하며 혀를 차던 내가 아니던가? 그런데 지금 굿을 하겠다고 의논을 하고 있다. 답답한 심정은 이해를 하지만 그건 아니라며 만류한다.

벼랑 끝으로 내몰린듯한 심정이 계속 되었다. 다리를 질질 끌면서 목발을 짚고 걸어가는 딸을 보며 평생 장애를 안고 살아가야 하는 자식을 보는 부모의 가슴은 얼마나 큰 고통일까? 나도 모르게 눈시울이 젖어 들었다. 한의원에 데리고 가서 침을 맞히고 한약을 먹이며 정성껏 보살폈다. 다행히 성격이 밝은 딸은 학기말 고사 준비를 열심히 하며 잘 견뎌주었다. 그렇게 일주일정도가 지났고 시험을 마치고 하교하는 딸을 보며 두 눈을 의심했다. 통 통 통 튀듯 달려 나오는 딸의 한 손에는 목발이 제 역할을 망각한 체 허공에서 춤을 추고 있었다. 어떻게 된 건지 묻자 시험 보는 도중 다리에 다시 쥐가 나더니 멀쩡해 지더라며 싱글벙글 호들갑스럽기 짝이 없었다. 그냥 무조건 모든 것이 감사했다.

나름 큰일을 겪고 나니 지쳐 보였는지 1박 2일 강원도라도 가자는 지인의 권유로 바람이라도 쐬고 싶어 따라나섰다. 광어회에 소주잔을 기울이며 성숙하지 못한 내 정신세계를 주정으로 풀어내다 숙소로 돌아왔다. 피곤한데도 불구하고 좀처럼 잠이 오질 않았다. 곰곰 생각에 젖어 창밖을 보고 있자니 어스름 새벽바다가 묵직한 파도를 일으키고 있었다. 먼 바다에서는 오징어잡이 어선들의 불빛들이 출렁인다. 빨간 불빛을 깜빡이는 등대 하나에 의지하여 돌아올 어선들의 노고를 떠올려 본다. 두 딸을 위해 신호등의 초록빛과 등대의 빨간빛을 발산하는 에너지를 만들어도 모자란 현실인데 기운 빼고 지내던 내 모습도 겹쳐 보인다. 불끈하고 바다가 해를 토해내고 그 열기 때문에 바다물결은 금빛으로 넘실거린다. 어젠 먹구름 속에서 불안하고 소낙비를 맞을지라도 이렇게 또 태양을 맞이하여 웃을 수 있는 것이 살아가는 일인가 보다.

공석남

시 작 노 트

어제 갈던 시간들
백미터 달리기 레일 위에서
가갸거겨로 서 있다

詩

이웃들이 사는 이야기
가을날의 풍경 속으로
꿈이라는 주머니
건망증

공석남

「문파문학」 수필무문 신인상 등단, 동남문학회 회원, 저서 : 공저 『달팽이의 하루』
e-mail 〈7444ok@naver.com〉

이웃들이 사는 이야기

가까운 이웃이 모여 모임을 만들었다. 그것도 새벽미사에서 반갑게 인사하는 분들이다. 이웃에 살아도 자주 만날 수 없지만, 성당에서 스치는 인연으로 그 끈은 이어졌다. 무슨 일이 있거나 혹은 좋은 술안주가 있으면 불러서 얼굴을 보게 된 것이 인연이 되었다. 남자들의 술벗이 모여 한 가족을 소개하게 되고 그렇게 우리는 매달 보는 얼굴이 되었다.

실비아 집은 정원이 넓다. 건평의 서너 배는 될 것이다. 그 정원에는 온갖 나무와 꽃들로 항상 여유가 넘치고 아름답기도 하다. 사철 푸른빛으로 우뚝 솟아있는 향나무는 시몬이 제일 사랑하는 나무다. 봄이면 전정을 하여 깨끗한 모습으로 정원을 장식한다. 제일 먼저 꽃을 피우는 진달래를 비롯하여 소나무, 라일락, 단풍나무 등등……. 그리고 빈터에는 일년생 화초로 갖가지 꽃들이 피고지고 한다. 그 속에서 시몬과 실비아는 그들을 사랑하고 가꾸는 재미로 살고 있다. 가끔은 이웃들의 이야기 마당이 되어주고 있는 그 정원이 있어 더욱 정감이 간다.

이웃들은 안주거리가 있으면 모두 불러서 오붓한 자리를 만들기도 한다. 모두 참석할 수 있는 저녁시간이다. 그래서 정원이 넓은 실비아집 마당에는 자리가 깔려있고 어두워지는 하늘에 등불이 하나둘 별처럼 달리고 있다. 이렇게 모이는 날은 미리 정해진 일은 아니다. 마르코가 소래포구에서 전어를 사왔기 때문이다. 한쪽에선 새까만 숯덩이에 불을 붙이기 위해 휴대용 가스통을 들고 있는 마르코, 파란 불꽃이 쐐애 하는 소리와 함께 숯 속으로 기어드는 모습을 바라보는 작은 시몬과 수산나, 이윽고 불이 붙었음을 알리면서 화덕에 석쇠를 올려놓는 마르코와 이시돌, "이젠 전어를 구워도 될 것 같은데." 마르코의 굵직한 소리에 수돗가에서 포도를 씻던 비비안나와 멜라니아가 포도송이를 소쿠리에 담으며 쳐다보고 웃는다. 전어를 굽자는 말은 한잔 하자는 말이라며 의미 있게 쳐다보는 얼굴들이 불빛 아래 환하게 번지고 있다.

석쇠를 먼저 올려서 달구어야 한다고 멜라니아가 말한다. 그러자 마르코는 말없이 달구어진 석쇠를 보며 조용히 전어를 올려놓는다. 두 개의 석쇠 위에 전어들이 나란히 줄을 서서 누워 있다. 정말로 통통한 전어들이다. 은빛이 돈다. 몇 시간 전만 해도 너른 바다를 휘젓고 다녔을 전어. 푸른 바다가 송두리째 석쇠 위에서 출렁이는 모습처럼 전어가 가느다랗게 전율을 느끼고 있다. 이제 전어는 사람을 위하여 온몸을 바쳐야하는 시간이다. 죽음으로까지 육신을 바쳐 헌신할 전어에게 마지막 남은 한 점의 살까지도 헛되지 않도록 깨끗하고 맛있게 먹어주어야 한다. 전어의 냄새가 퍼지자 마르코가 코를 킁킁거리며 입맛을 다신다. 수산나는 연신 뒤집으며 매콤한 연기를 이리저리 피해가면서 눈을 찡그리고 있다. 실비아가 안으로 들어가 김치를 비롯하여 몇 가지 반찬을 들고 기분 좋은 얼굴로 상을 차리고 있다.

옆에서 여자들은 며칠 전 집에 도둑이 든 것을 화제로 삼고 있다. 비비안나와 실비아 집에 새벽 3시 무렵 도둑이 들었단다. 도둑이 뒷문을 통해서 나간 줄도 모르고 방문 앞에서 몽둥이를 들고 잠옷 바람으로 보초를 섰던 시몬과 실비아, 도둑이 방으로 들어갔으니 나가지 않았을 것이란 생각으로 파출소에 신고했다. 무섭고 두려워서 도저히 그 방문을 열 수가 없었다는 것이다. 이미 도둑은 뒷문으로 나간 후에 경찰은 왔지만 모두가 끝난 후 였던 것이다. 공연히 속옷 바람으로 떨며 새벽잠을 설친 이야기는 그 밤의 술안주가 되어 오래도록 이어지고 있었다.

이시돌이 소주 한잔씩 돌리면서 노랗게 구워진 전어를 접시에 담아 여자들 쪽으로 놓으며 "우리 그 도씨를 위하여 건배합시다" 하고는 도씨로 인하여 방범창을 새로 만들며 한심했다고 말한다. 단독이 좋은 이유는 창밖으로 보이는 사람이 사는 모습인데, 유리창에 방범창은 철창 같은 느낌이 들어서 감옥 같다는 거다. 현관만 열면 이웃의 대문이 보이고 목례나 반가운 웃음으로 만날 수도 있는 얼굴들이다. 창문으로 아침 햇살이 비치고 문을 열면 이웃의 모습들이 보이는 그 다정한 느낌, 방범창으로 말미암아 답답하단다. 그리곤 허한 가슴을 쓸어안듯 소주잔을 단숨에 마셔버리고 잊고 싶은 듯이 길게 토해내고 있다.

마당 큰 집엔 우리들의 이야기로 시간가는 줄 모른다. 소주 한잔의 정은 소원했던 이웃들의 가슴을 덥혀주고, 사랑의 이야기는 고달픈 몸을 따뜻하게 위로하는 밤이다. 이런 마당에 앉아 있으면 신이 우리에게 나 아닌 또 다른 가족을 주심을 감사하게도 한다. 그저 스쳐지나가는 인연으로 끝날 우리들의 사이를 이렇게 돈독하게 엮어준 것이 신앙의 힘임을 알게 된다. 비록 절실하게 믿음이라는 것에 매달리며 살지는 못할지라도 그 끈을 놓지 않고 계속 이어가도록 가지를 형성해 주심에 감사하는 마음이다. 여름밤은 깊어가지만 우리들의 사는 이야기는 깔깔거리는 웃음과 술잔 속에 묻히고 있었다.

가을날의 풍경 속으로

언제나 가을이면 나도 모르게 스며드는 지난 세월 뒤에 숨겨둔 무언가를 찾아 나서려는 것처럼 사방을 두리번거리게 만든다. 어디에다 눈을 둘 지 모를 만큼 붉게 물든 우리의 땅을 지나간다. 물론 걸어서 전국을 누빌 수만 있다면 더할 나위 없겠지만, 버스를 타고 주마간산 격으로 창 넘어 밖을 보는 것만으로도 감사하는 가을의 풍경이다.

경북 김천시에 자리한 황악산을 가기 위해 고속도로를 빠져나와 국도로 접어들면서 벌어지는 시골의 정취는 내가 살았던 시절을 생각나게도 한다. 가로수로 감나무가 심어져 있었다. 키는 작았지만 재래종이 아닌 왕감이 주렁주렁 매달려 보는 이로 하여금 욕심을 내게도 했다. 한 알 따먹고 싶을 만큼 탐스런 감이었다. 침을 꿀꺽 삼키고 고갤 돌려가면서 바라다본다. 나무가 크면 그렇게 버티고 선 모습이 의젓하련만, 작은 가지가 땅에 닿을 정도로 감을 달고 있었던 나무가 너무나 앙증스러워 내 눈으로 하여금 감나무 곁으로 더 달려가게 만들었다. 잎은 붉은 색으로 물들며 하나 둘 떨어져 내려 바닥에는 그 자취로 덮여 있었고, 논에는 수확하지 못한 벼들이 누렇게 일손을 기다리고 있었다. 논두렁에 돋아났던 무성한풀까지도 제풀에 스러져감이 하나 같이 제 할 몫을 한 것처럼 이제 마무리를 하고 있다.

버스가 간신히 지나가는 마을길로 들어서니, 마당가에서 콩알을 줍는 할머니를 본다. 수건을 깊숙이 눌러 쓴 아낙은 도리깨로 사정없이 마당을 두드려 대고 있고, 날파람 나게 도리깨가 휘두르는 길 따라 콩알들이 밖으로 튀어나온다. 콩알 없는 콩깍지들이 돌돌 말리고 노란 콩알들은 하늘을 보고 웃는 것처럼 윤기가 났다. 그 마당가에 할머니 같은 어머니의 모습이 함께 앉아 콩알을 줍고 있다. 가을날은 하늘 아래 모든 것이 깊은 감사와 농부의 피땀이 영글어 빛을 내는 계절이다. 마당 끝에 해바라기 한그루도 꽃잎을 한 잎씩 떨구며 햇살을 안고 돌고 있다.

우리가 내린 곳이 우두령 언덕 해발 720m 라고 했다. 올처럼 단풍이 아름다운 산, 날씨마저 선들거리고 걸음마다 불타오르는 산등성이를 밟고 올라간다. 힘듦도 잊고 가을의 정취에 흠뻑 취해본다. 발밑에 지천으로 널려있는 도토리마저 우리의 발걸음을 붙잡고 늘어지는데, 지나쳐 가는 분들이 도토리나 줍지 등산은 접으라고 한다. 나뭇잎을 헤치면 수북하게 도토리가 묻혀있고 금방 작은 가방은 채워져 갔다. 산은 가지 않고 널려있는 도토리를 주어 가방을 채우느라 정신이 없었다. 뒤따라오던 총무님이 그만 줍고 빨리 가자고 서둘렀지만 막무가내로 엎어져 한 움큼씩 주어 담고는 깔깔대고 웃었다. 불룩해진 가방을 지고는 무겁다고 하면서도 보이는 도토리를 그냥 두고 가는 것이 아까웠는지, 한 친구는 한 알 두 알 주어 담은 앞으로 난 호주머니가 캉가루 엄마 같다고 놀려도 좋기만 한지 함박웃음을 웃는다.

도토리나 많이 줍고 살라고 소리치면서 우리는 부지런히 선두를 쫓아갔다. 얼마나 선두와 떨어져있는지도 알 수 없다. 도토리 때문에 오늘 산행은 접는 것이 아닌지 조금은 걱정이 되기도 했다.

황악산(1111.4m)에서 내려다보는 산하가 모두 내 발밑에 있으니 오늘은 누가 뭐라 해도 내가 왕이 된 기분이다. 아름답게 타오르던 단풍은 삽시간에 화선지를 붉게 물들이며 가을을 그리기 시작한다. 가슴이 시키는 대로 눈(目) 붓은 열심히 그림을 그린다. 지나온 길에 꽃처럼 맺혀있던 열매도, 도토리를 줍던 우리의 손놀림도, 갖가지 들꽃들이 씨방만 안은 채 흰머리 풀어 헤친 얼굴로 산길마다 맞아주었던 모습도 그려 넣었다. 여정봉(산봉우리이름) 내리막길은 억새밭 속에 작은 오솔길을 무한정 걸어서, 푸른 초원으로 달려가는 스크린의 한 장면처럼 멋스러웠다. 꽃은 지어 가을을 이고 있었지만, 우리 마음 안에는 여름날의 초원이 황악산자락을 메우고 있었다. 거기서 만난 이정표 '바람재'는 바람 불어 좋은 날 만난 듯 억새바람에 꽁무니가 날아가는 듯이 쓰여 있었다. 이렇게 우리는 다달이 한 가지씩 추억을 만들어 가고 있다.

황악산의 가을은 억새밭처럼 너른 품의 초원도 있었고 어머니의 깊은 사랑도 있었다. 바스락 부서지는 낙엽 위에서 나무의 아픔을 알아야했고, 빨갛게 물든 도토리 알맹이에서 새 생명을 키우기 위한 몸부림으로 열병 앓는 어미를 보아야만 했다. 돌아와 도토리를 까면서 빨갛게 물든 몸뚱이를 자세히 살펴보았다. 두껍고 딱딱한 껍질 밖으로 새 아기를 밀어내기 위해 어미는 그렇게 힘들게 열꽃을 피우며 앓고 있었나 보다. 이 지구 위에 생명이 있는 모든 것은 그 어미의 지극함에 종족이 보존되고 있는 것은 아닐지 새삼 신의 위력을 느끼게 하는 가을이었다.

꿈이라는 주머니

재미있게 사는 법이라는 글에서 다음과 같은 글귀를 발견했다. '첫째는 앞으로 이루고 싶은 꿈을 담아 놓을 주머니, 둘째는 하루하루를 즐겁게 지낼 수 있는 재미 주머니, 셋째는 나만이 쓸 수 있고 관리할 수 있는 비상금 주머니다.' 이 세 가지 주머니만 있으면 행복한 인생을 꾸려갈 수 있다는 것이다. 내 삶이 비록 가을 햇살만큼 짧다 해도 꿈을 펴 담을 수 있는 일에 즐거워하고 재미있어 한다면 구태여 비상금 주머니를 아끼고 감춰둘 필요가 없을 것 같다. 내가 빠져들 수 있는 꿈을 담을 주머니라면 말이다.

학창시절 나는 국어 선생님을 좋아했기에 그렇게 되고 싶었다. 그 선생님처럼 시를 낭송하고, 비 내리는 창밖을 바라보던 그윽한 눈빛이 한없이 부러웠다. 우수에 차있던 눈동자는 학생들에게 선망의 대상이었고, 고운 목소리는 국어시간을 기다리게 했다. 그 시절은 어디서나 시집을 들고 다니며 줄줄 외우곤 했다. 엄마는 책만 들고 다니지 말고 아이나 보라고 불러대기도 했다. 나는 지금까지도 그 꿈이 그리워 마음 한구석에는 용트림하듯이 책을 보며 학창시절의 파란 꿈을 갈망하고 있었다. 이제서 글이나 써보자고 한껏 매달리고 있다. 거칠고 윤기 없는 나무에 파랗게 잎을 달아주고 싶은 정열로 문학이라는 어휘를 들

먹이고 있다. 미래를 위한 하나의 꿈을 담는 주머니, 그래서 꿈이라는 주머니에는 퍼내도 마르지 않는 인생의 삶이 들어있지 않나 생각한다.

며칠 전 충남 청양에 자리한 고운 식물원을 둘러보면서 드넓은 산자락에서 풍기는 아름다움에 시간 가는 줄 모르고 걸은 일이 있다. 그곳에는 오랜 시간을 오로지 식물원을 위하여 온 힘을 바쳐 꿈을 키워온 한 남자의 정열이 숨어 있었다. 나무들 사잇길로 개울을 타고 흐르는 여유로운 물소리가 잔잔한 음악처럼 들리고, 한옆으로 조각품들이 의미를 담고 앉거나 서있거나 했으며 그것들이 아주 오래전부터 봐온 것처럼 손때도 묻고 이끼도 끼어 자연스러워 보였다. 개울 옆으로는 습지가 조성되어 수련의 잔재가 남아 있었고, 둘레에 꽂아 놓은 가지각색의 바람개비를 보니, 한번 뽑아 산위에서부터 달려보고 싶을 만큼 바람의 유혹과 유년의 추억을 더듬어보게도 했다. 이렇듯 그는 식물원에 자신의 어린 날의 꿈길도 만들었고, 보통 산이나 숲에서 찾을 수 없는 색다른 모습으로 그의 꿈을 심어놓았다. 나무를 사랑했던 어린 소년의 꿈이 육십이 넘은 지금도 식물원에는 평생의 꿈나무로 자라고 있었다. 모든 이들의 마음이 이곳에서 피어나는 꽃들과 같아지기를 바라는 그 마음으로 가꾸고 키운다고 했다. 그런 그의 꿈이 꽃처럼 아름답다고 생각했다.

멋있는 꿈을 담으려 정성스럽게 셔터를 누르는 사진작가인 지인이 있다. 남다른 눈으로 색다른 곳을 보고 눈치 채지 못한

멋진 한 컷에 희망을 담는다. 오르지 한마음으로 발길 닿는 곳마다 담을 수 있는 시간들이 모여 그녀는 꿈을 만들어 가고 있다. 열심히 살아가는 길 한옆으로 비상금 같은 꿈을 찾는 이 멋스러움에 나는 그녀를 닮고 싶어 한다. 그 동안 담아온 시간과 꿈들을 전시회란 조촐한 파티로 내놓기도 하지만, 언제나 소박한 지인만큼 욕심 없음에 더욱 그녀를 좋아하는지도 모른다. 풀한포기의 작은 꿈도 희망을 주고 기쁨을 안겨 줄 것이라 믿기에, 나도 그녀처럼 신명나는 일에 재미를 붙이며 감사하는 삶을 살고 싶다.

텔레비전을 통해서 본 꿈을 이룬 사람의 일례이다. 무일푼으로 자전거를 타고 백일간의 일본 일주를 했다는 그는 일본을 다녀와서 다음은 세계를 향한 도전이 남았다며 꿈은 계속 이루어져야 한다는 것이었다. 그의 이러한 꿈의 설계가 불가능할 것이라 여겼던 주위 시선을 무마하고 성공을 거두었던 것이다. 하고자 하는 의욕은 그를 성공이라는 큰 나무로 성장을 시키고 있음을 보여 주었다. 물론 힘든 역경이었으나 자신의 꿈을 이루는 일이기에 인내할 수 있었다는 것이다. 시작이 어려운 것임을 보여 주고 있다. 하면 된다는 말처럼 남을 의식하지 말고 오직 실천만이 자신의 의지력을 이행할 수 있다는 것을 그는 보여주었다. 오늘의 생각이 내일 희망의 꽃으로 피어날 것을 믿기에 인간은 오늘도 내일도 도전을 앞세워 밀고 또 밀고 있는 것일 게다. 어떤 꿈을 갖든 그것은 개인의 자유지만 그 꿈의 주인은 오직 자신만의 것이다.

꿈을 갖는 것은 인생의 희망이라 했다. 생활이란 꿈을 꾸며 내일은 오늘보다 나은 날을 만들 수 있음에 자신을 갖게 하는 것이 꿈이 아닐지. 비록 남이 보기에는 아무것도 아닌 것처럼 보잘 것 없다고 해도 그것으로 인하여 하루하루의 삶이 즐겁다면 시간과 노력을 아끼지 않을 것이다. 재미있게만 살 수는 없지만 신명나는 삶을 살고 싶다. 거기에는 미치고 싶을 만큼 매달릴 수 있는 나만의 대상이 필요하다. 그것이 나에게 그 어떤 기대와 보람을 안겨주는 것이라면 삶이 더욱 풍요롭고 의미가 있을 게다. 그 꿈의 열매가 비록 작고 생각한 것보다 만족하지 못하더라도 내가 살아감에 희망을 주는 꿈이라는 주머니는 나를 힘들어 울게도 하고 좋아라! 웃게도 한다.

건망증

세금고지서를 우편함에서 꺼내 들고 눈을 의심했다. 분명 내 이름이 아닐 것이다. 가끔은 이사 간 사람의 이름으로 우리 집 우편함에 넣어지기에 그럴 것이란 생각을 했다. 그런데 이름은 눈에 익고 분명하게 나를 바라보고 있는 것이다. 그 순간 내가 이런 실수를 하다니 어안이 벙벙했다. 고지서가 나오면 다음날 은행으로 달려가던 나였다. 일찍 낸다고 상을 받는 일도 세금을 감면해 주는 일도 아니었건만, 서두르는 일 중에 제일로 잘하는 것이 이것이라고 해도 과언이 아니었다. 그런데 색깔마저 다른 독촉장을 받아들고 기운이 빠져 버렸다. 건망증은 나를 이렇게 실색하게 만들고 있다.

서랍을 열어 세금 영수증 봉투를 꺼냈다. 확인하기 전까지는 분명 영수증이 거기에 잘 모셔져 있을 것이라 생각했다. 세무서의 실수였으면 하고 바랐던 기대는 무너져 내리고 말았다. 9월분 재산세 고지서가 얌전히 그 속에 묻혀 있었던 것이다. 아뿔싸! 나는 헛웃음이 나왔다. 그 웃음은 이 사이로 빠져 흔적 없는 시간 속으로 사라져갔다. 그렇게 내 영혼의 불씨도 어느 한 순간의 실수로 자신도 모르는 사이 바람처럼 사라져 갈 것 같았다. 뭐에 정신이 팔려 이 고지서를 이렇게 잘 모셔두었는지 알 수가 없었다. 아무리 생각해도 황당했고 도저히 이해가 되지 않는 내 행동이었다. 며칠 전에는 현관문을 잠그고 나왔으면서도 다시 올라가 확인하는 그런 해프닝을 벌리고 돌아서며 자신의 불안전한 뇌를 탓하지 않았던가? 나이 탓만 하기에는 성의 없는 발언이다. 어떻게 하면 이런 현상에서 벗어날 수가 있을까. 금방 듣고도 옮길 수 없는 이야기, 그 자리에서 메모하지 않으면 무슨 말을 들었는지 감도 잡히지 않는 현실 앞에서 바보가 될 때도 있다. 기억력을 상실해 버린 나이, 되찾을 수는 없는 것인지? 중얼거리며 주섬주섬 챙겨 넣고 독촉장을 들고 무거운 발걸음을 옮긴다.

실책을 아직도 인정하려 들지 않고 의구심을 가지고 독촉장의 가상계좌를 본다. 분명 이 계좌로 낸 기억이 있다. 확실한 증거도 없는 사실을 가지고 머리를 굴리는 내가 정말로 바보스러워 보였으나 통장을 꺼내어 처음부터 모조리 조사에 들어갔다. 뒤에서 자동차가 클랙슨을 울린다. 깜짝 놀라 옆으로 비켜서면서도 내 집착은 계속되고 있다. 하지만 내가 찾는 영수증 입금 날짜는 없는 것이다. 이렇게 기억에서 멀어진 사실 앞에 어제 일처럼 다가서는 다른 사건으로 인해 머리속은 혼미하다. 허탈한 마음 안에서 빨래를 태웠던 그 옛날이 스멀거리며 다가왔다. 빨래를 삶는다고 올려놓고 전화를 받고는 생각 없이 그대로 나가 버렸다. 빨래 생각이 나서 돌아왔을 때는 집안은 자욱한 안개 속의 집이 되어 있었다. 그날은 너무 무서워서 벌벌 떨었다. 치유할 수 없는 건망증은 지는 해를 바라보며 아쉬워하고 가는 세월에 대해 속수무책이 되어 버린다. 이러한 사고에 익숙해진 머리는 그렇게 혼을 나고도 정신을 차리지 못하고 또 이러한 실수를 저지른 건망증이 얄밉도록 미웠다.

누가 볼세라 얼른 처리하려고 기계 앞에 섰다. 다른 날은 잘도 받아먹었는데 오늘은 웬일인지 자꾸 내 뱉는다. '바르게 펴서 넣어주세요' 라는 말을 반복하면서 받아먹지 않는 기계 앞에서 이리저리 돌려 넣어도 이상한 일이다. 할 수 없이 창구직원에게 문의를 했다. 직원이 보면서 하는 말 "영수증 고지서를 넣는 것이 아니라 수납의뢰서를 넣어야 합니다." 그 말을 듣는 순간 얼굴이 홍당무가 되어 고개를 들 수가 없었다. 창피함을 웃음으로 무마하며 마무리를 지었다. 마음이 급하니 하는 일이 제대로 될 리가 없었던 것이다. 통장을 정리해 찍힌 재산세 명세서를 보면서 체했던 것이 내려간 양 후련한 마음으로 은행을 나왔다. 건망증으로 인해 가산세까지 지불했지만 대한민국 국민임에 틀림없지 않은가!

시간은 인간에게 성장이라는 힘을 주었지만, 어느 정도 한계가 지나면 소멸이라는 단어가 엄습하며 재생의 기미를 앗아가 버리고 만다. 그로 인해 건망증이 생기고 말할 수 없는 모멸감을 안고 늙음이란 어휘 속으로 숨어버린다. 젊었을 때는 창피한 일을 당하면 집 밖을 나가는 일도 먹는 일도 흥미가 없었고 심지어는 몇 끼를 굶어도 배고픈 줄도 몰랐다. 나이가 들고 나니 자신관리보다는 편안한 마음이 중요함을 느낀다. 복잡하고 어지러운 것에서 벗어나고 싶고 간단하고 편리한 것을 찾고 싶다.

그래서 내가 할 수 있는 일도 눈도 밝고 머리도 잘 돌아가는 자식들에게 염치없지만 부탁을 하곤 한다. 아마도 이런 습관이 건망증의 요인이 되는지도 모르겠다. 머리를 쓰지 않으려는 안일한 생각이 점점 퇴보의 원인이 되고 돌아가지 않는 녹슨 장식품으로 남게 되는 것은 아닌지? 그리하여 건망증은 하루하루 증식의 나락으로 곤두박질 쳐지고 있는 것은 아닐까 한다.

나이를 먹는 일은 겸허해짐이고 자신을 비우는 경지에 도달함이지 싶다. 그런데 나이와 더불어 엄습하는 건망증이란 물건은 나아지는 것이 아니라 해를 거듭할수록 역비례 함을 본다. 메모하면서 조심한다고 하지만 어느 순간에 깜박하는 일을 어찌 막을 수 있을까? 그런데 밥 먹는 일만은 잊지 않고 삼시를 챙겨 먹을 수 있다는 일에 감사한다. 가상치 않은 생각일지 모르지만, 이런 현상을 위해서 고도로 발전된 과학기술을 이용하여 기억력 향상을 위한 자동시스템을 만들면 어떨까 생각한다. 내가 원하는 센서가 자동으로 나를 깨우쳐주기를 바라는 것이다. 배고프면 밥을 먹고 목이 마르면 물을 마시듯이, 내 몸 어딘가에 그것을 부착하므로 잊었던 일이나 행동으로 인하여 센서가 걸리면 즉각 반응을 일으켜 바로 잡아줄 수 있는 자동시스템은 어떨까 한다. '지금 당신은 무엇을 잊고 있습니다.' 요술램프가 생각난다. 문지르기만 하면 '네 주인님, 무엇을 해드릴까요?' 공손한 모습으로 튕겨 나왔던 시종의 목소리처럼 그런 꼬마램프를 내 몸에 부착할 수 있었으면 좋겠다.

김현숙

시 작 노 트

강물 앞에 서서보니 차마 세상 밖으로
흘러나오지 못한 가슴속을 가득 채웠던
눈물이었던 날들이었다
이젠 강물위에 돛단배 띄워 아련한
흔적들 실어 산그림자 내리는 곳에
풀어 놓고 싶다

詩

김현숙

「문파문학」 시부문 신인상 등단, 동남문학회 회원, 저서 : 공저 『달팽이의 하루』
e-mail 〈pinkitoki@naver.com〉

01

비 내리는 밤

향수 어린 기와지붕 처마를 타고
마디 높게 울려오는 소리에 실려
더듬더듬 피어나는
차가운 추억의 물결들
지난 날 사랑하는 사람들을 떠나보낸 후
내가 흘린 눈물이
비가 되어 내린다

오늘밤도
빗소리에 묻힌 내 눈물이
또 다시 길을 떠난다

02

아침 없는 새벽

새벽 기도 가는 길목에
허름한 판잣집 인력사무소 앞
남루한 차림의 표정 없는 사내들
손가락 마디에 꽁초를 끼고
질긴 가난을 소태처럼 빨고 있다
속 깊이 젖은 가난이
뿌연 회색빛 슬픔으로 어리고 있다
지친 몸이 무너져 내리는 줄도 모르고
연기를 뿜어대는
아침이 보이지 않는 새벽

03

감꽃 추억

취하도록 밀려오는 봄 햇살이
감나무가지에 걸터앉은 봄날
말라가던 추억 한 가닥
감꽃 떨어지는 소리에 실려 달려온다
꽃목걸이 타래타래 엮어주며
싱그럽게 웃던 훈이
푸릇한 향기 가슴 한켠에 품고 있는지
그리움 한 움큼 펼쳐보는지
감꽃 먹던 소녀는
중년의 길 언저리에 서서
포름한 추억을
감꽃차에 떨구어 마시고 있는데

04

화장대

비가 묵은 그리움처럼 내리는 날
아침 햇살이 뜰에 앉아 이슬 마시고 가는 날
너의 앞에 선다

찾아가지 않아도
잠시 머물다 사라져도
늘 분홍빛 마음으로 기다려 주는 너
놓친 사랑 때에
흔들리는 속내 보이면
말없이 바라보며
허락 안 된 보고픔의 비밀 들어주는 너

기별 없이 찾아온 병마 앞에서
맥없이 무너져 내린 날
맑은 빛으로 바라보며
다시 꽃으로 피어나게 해 주었지
오늘도 내일도
네가 곁에 있어
내 삶은 파릇함으로 살 수 있고
화려하지 않은 꽃으로 살 수 있어

05

산국화차를 마시며

어느 다인이 보내 온 국화차
쓸쓸함이 녹아오는 날 날 마주했다
은은한 차향 속엔
발 길 뜸한 숲속 이야기 내려앉고
맑은 온기 온 몸을 감싸면
고요가 있고
내 안의 나를 볼 수 있다
삶의 여유로움도 묻어난다

찻잔 속엔 노란 가을도
물들어 쉬고 있다

06

기도

간절한 서원을 끌어안고
떨림을 모으고
사무침 속으로 스며든다
눈 감으면
님이 놓고 가신 길 떠올라
눈물방울 뚝뚝 떨어져
님의 향기 배어나
님의 품속이어라

07

흘러간 사랑 앞에

강물이었지
머물지 않고 흘러가는 강물이었지
뒤돌아서서 보면 애련한 강물이었지

너 떠난 빈 의자의 흔적
송진 같은 끈끈한 웃음
떠나는 길 잃어버린 추억들
발길마다 남은 빈자리의 서러움으로
너의 이름 나직이 불러보며
눈물이 된다
흘러가는 강물도 좋아
바람이어도 괜찮아
뼛속까지 스며오는 내 사랑아
한번만이라도
그 사랑소리 들려주렴

김주현

시작노트

눈 시린 햇살 푸른 하늘을 여행하는
뭉게구름 따라 나도 시와의 여행을
떠나본다
가도 가도 아쉬움은 산을 이룬다

詩

김주현

동남문학회 총무, 저서 : 공저 『네모 속의 계절』
e-mail 〈ssaram59@hanmail.net〉

01

마음

마음 한 가닥 엉겅퀴 꽃에 물들어
맑은 계곡물에 담가본다
흔적은 남아있다

구름 이고 훌쩍 떠난 길
소소한 일에 부딪힌 마음
스르르 풀어지고
잔뜩 무거워진 어깨
사뿐사뿐 가벼워진다

바다
바람
구름
내 마음 초록빛 물들이고 있다

02

봄바람 타고 온 목소리 여행 1

봄꽃들 앞 다투며 피어나는 화창한 날 오후
"주현아~ 나 영호야"
반가운 마음 벌써 어릴 적 친구의 손 잡고 있다
멀지 않은 거리 살면서 만나지 못하는
안타까움 꼬옥 접어 핸드백 속에 넣어둔다

교실 나무 바닥 틈새로
굴러 들어간 연필 꺼내주던 친구의 미소
뽀빠이 그려진 라면땅 봉지에
잘 익은 살구 담아와
수줍은 듯 전해 주던 친구의 손길

돌멩이 깔린 그 신작로
하얀 먼지 일으키며 달리는 자동차
아카시아꽃 만발하여 향기 날리는 거기

봄바람 타고 온 친구 목소리
꿈을 노래하던 그곳
거기로 여행을 다녀왔다

03

봄향기 타고 온 목소리 여행 2

꽃향기 날리던 봄날
마음 둘 데 없어 울먹일 때
따르릉~어릴 적 친구
말투는 어쩜 예전과 똑같니?

옆구리 터진 대 소쿠리 들고
아지랑이 잡으러 다니던 곳
어린 쑥 넣고 버무린 쑥떡 향기로웠다

넓고 깊어 보였던 냇가
거기엔 물고기, 다슬기도 참 많았는데
달빛 맞으며 다슬기 하나
별 하나 세며 먹던 맛
내가 알고 있는 그곳에 가면

봄향기 타고 온 친구의 목소리
거리로 여행을 다녀왔다

04

울 엄마 이사하던 날

새털처럼 사뿐한 봄바람
라일락 꽃향기 한 아름 실어오던 날
울 엄마 이사한다.
유난히 크던 봉분
포클레인 굉음소리에 내 설음 토해낸다

청보리밭 흔들림 엄마 넋인 냥 살랑거리고
애꿎은 쑥 손톱으로 짓이기며 울었다
쑥냄새 만큼 엄마냄새 그리워

60여 년 종부 일 년 열두 번 제사 지내고
고향 떠난 어르신들 정거장처럼 들리실 때
술상 밥상 셀 수 없이 차리시던 손길

열한 개 열매 맺은 울 엄마
여자 아닌 엄마로만 평생 사셨다
막내 철들쯤
홀연히 내 곁 떠나셨다
수도꼭지 물 흐르듯 내 눈물 흘린다

그냥

그냥

보고 싶어서

05

달

창 밖에 달
울어머니 막내딸 자식 점지해 달라
두 손 모아 빌고 빌었다

이제 달이 되어
달 속에 남아 있는
어머니 눈물 자국

단발머리 외손녀 하얀 손
눈물 자국 훔쳐 준다

06

햇살 가득한 날 – 딸

뱃속 한 점으로 와
콩닥콩닥 봄 새싹 솟는 소리

낮에는 구름 위에 집을 짓고
밤이 되면 꿈속의 꽃길을 거닐다가

유리조각 위를 맨발로 걷듯
열 번의 보름달을 채우고 나서

드디어 햇살 피어오르던 날
햇살 가득한 날

07

꽃 베게

앞마당 노란 국화 꽃송이
팝콘처럼 톡톡 터진다

국화꽃 채반에 곱게 말려
엄마표 꽃베게 만들어주면
소녀는 그 꽃베게 베고
꽃길 속으로 긴 여행을 떠났다

어머니 꽃베게에 푹 묻히고 싶은
어머니 팔베게에 폭 안기고 싶은

국화꽃 피는 파란 하늘

작품 해설

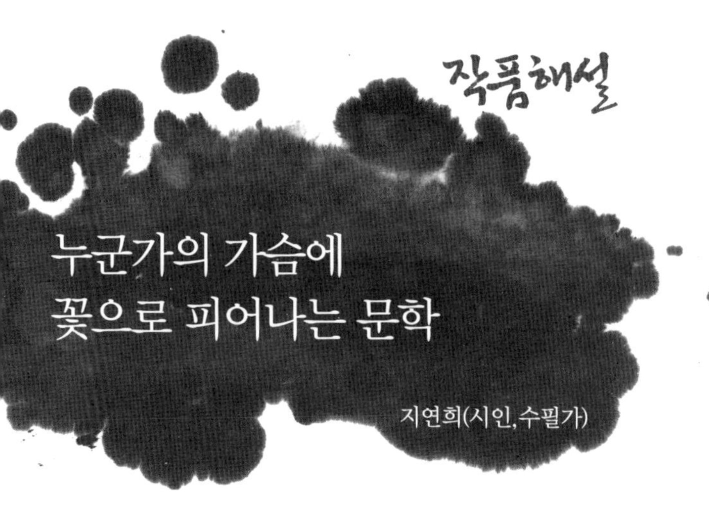

작품해설

누군가의 가슴에 꽃으로 피어나는 문학

지연희(시인, 수필가)

갑자기 기온이 급강하되어 거리의 사람들은 고개를 숙이거나 몸을 움츠리며 걷고 있다. 바람의 세기가 하루아침에 급변하고 보니 아직은 적응하기가 쉽지 않은 모양이다. 이제 겨우 영하권에 진입하기 시작하지만 가로수 또한 봄으로부터 안았던 가지의 꿈들을 온몸으로 흔들며 바스락거린다. 몸은 사람이나 동물이나 식물의 미세한 외부며 내부의 변화에 감각한다. 몸 밖의 움직임을 감지하는 몸 안의 레이더망, 이것이 몸의 감각기능이다. 예리한 부딪침 하나도 놓치지 않고 감각해 내는 감성의 촉, 문학인들에게 이 감각기능이 저하된다면 그의 문학은 죽은 사체와 같다. 감성의 구체적 표현이라고 하는 시문학에서 감성의 박동이 바닷물의 표피를 가르며 뛰어오르는 물고기의 생령生靈처럼 살아 숨쉴 때, 한 편의 시가 한 편의 수필이 생명의 옷을 입게 된다. 오늘 동인지 제12집을 출간하는 동남문학의 21인의 숨소리가 바로 그 생명의 힘이다.

기차 레일 하나씩 차지하고 걷는다

끊어진 소통의 연결고리는
아무리 손 내밀어도 가까워지지 않는다
둘은 손을 건네는 동작조차 하지 않았다
슬픔이 깃들인 그의 눈빛에 나도 덩달아 애잔한 슬픔에 빠졌다

– 최지은의 시 「동행」 중에서

한때
화려했던 삶의 행색은
축축한 노여움 맞고
생면부지의 나락에서 소멸의식이 시작 됐다

사락,
절망 하나 떨어졌다

– 전영구의 시 「화우花雨」중에서

참돔 한 마리 헤엄쳐 간다
동쪽에서 서쪽으로
지칠 줄 모르는 지느러미 날갯짓
해초들의 몸짓 사이를 곡예 하듯 지나

크고 통통한 고래를 비켜가며
유영하는 물고기 떼를 지난다

– 김태실의 시 「거울」 중에서

아기손가락만큼 솟아오른
연둣빛
해는 점점 높이 뜨고
새싹은 세상에 손 내밀어
봄을 만들고
소꿉놀이하는 계집애 얼굴
봄볕이 까맣게 앉았다

– 서선아의 시 「봄날」 중에서

최지은의 시 「동행」은 한곳을 향해 놓여진 기차의 두 평행선이 내포한 손 닿을 수 없는 슬픔이다. 먼 길을 돌아 마주섰으나 합일되지 못하고 마주선 레일의 안타까운 분리이다. '기차 레일 하나씩 차지하고 걷는다/끊어진 소통의 연결고리는/아무리 손 내밀어도 가까워지지 않는다' 는 것이다. 뜨겁게 달구어진 두 길 위에서 싸늘해진 마음만 확인하는 오늘이 슬프다. 또한 안타까운 시선으로 바라보고 있는 마지막 행의 '푸른 숲' 이 눈길을 끈다. 이는 종내가 닿아야 할 희망으로의 길이기 때문이다.

전영구의 시 「화우花雨」는 비가 되어 떨어지는 꽃이다. 꽃을 안고 떨어지는 눈물이다. 보편적으로 시에서 제시하는 꽃의 상징적 의미는 사랑이다. 직역하면 '사랑이 떨어진다' 가 된다. 다시 사랑이 떨어진다는 동사의 내연에는 절망의 깊은 암시가 보인다. 따라서 이 시는 '절망스런 사랑' 의 메시지를 담고 있다. '사락,/변명 하나 떨어진다' 로 잇는 종결어미의 '사락,/절망 하나 떨어졌다' 는 '떨어진다' 에서 '떨어졌다' 의 시간으로 마무리하는 절망의 크기가 보인다. '사락' 이라는 떨어져 내림의 청각적 이미지가 가슴을 내려앉게 할 만큼의 크기로 존재한다.

김태실의 시 「거울」을 들여다본다. 이 시의 소재인 참돔은 세상이라는 바다를 헤엄치고 있다. 특히 바다의 동쪽에서 서쪽이라는 특정한 공간에서 공간으로 잇는 거리가 암시되듯이 아시아에서 아메리카로 삶의 영역을 넓히는 물고기의 삶의 반경을 확인할 수 있다. 또한 제목에서 은유하는 거울과 부재인 어머니의 고리를 읽게 되는데 거울은 어머니의 분신이며 삶의 터를 넓힌 자식의 터 닦기 삶의 고단이 보인다. 다만 '비로소 열리는 내일' 이라는 언어가 내포하듯이 희망스런 햇살이 내려 비치는 지점에 와 있다. 고단을 딛고 이룩한 기쁨이다.

서선아의 시 「봄날」이다. 툇마루에 앉아 해바라기하던 계집아이가 봄을 마중하고 있다. 발등이 따뜻해 간지러워지면 꽃밭으로 뛰어가는 어린 아이의 동적 움직임이 '있는 힘 다해 겨울을 밀고 나오는 봄'의 언어와 합치되어 봄맞이의 설렘을 키운다. '세상 만나기 두려운지/손톱만큼 나왔다가/아기손가락만큼 솟아오른/연둣빛/해는 점점 높이 뜨고/새싹은 세상에 손 내밀어/봄을 만들고/소꿉놀이하는 계집애 얼굴/봄볕이 까맣게 앉았다' 봄날의 그림들이 감각의 날을 세워 밝고 맑은 색감을 칠하고 있다.

> 이것은 저리 가져오고 저것은 이리로 갖다 놓으라고 아내는 자기 손가락 부려먹듯 한다. 무릎 관절이 아픈 것이 이유요, 핑계다. 배추 몇 포기도 사서 들고 오지를 못한다. 한계점을 조금만 넘게 무거운 것을 들고 다니면 사단이 나는 다리다. 과체중은 아니라 조금만 조심을 하면 그런대로 지탱이 되어, 무거운 것을 드는 일은 철저히 금하고 있다. 그런 몸으로 아파트 공간에서는 전혀 가당치도 않은 엿 고는 일을 하고 있다. 시커멓게 늙은 사내가 시중든다고 뒤퉁스럽게 왔다 갔다 하는 그림이 내가 봐도 볼썽사납고 영 망측한 그림이다.
>
> – 곽영호의 수필 「마음으로 보는 그림」 중에서

> 우물가에 있는 사랑초 화분에는 청개구리가 산다. 물을 줄 때면 새끼손톱보다 작은 청개구리가 폴짝폴짝 뛰어 잎새 뒤에 숨더니 어느새 자라서 엄지손가락만큼 자랐다. 인두부분에 바깥 울음주머니가 있는 걸 보니 수놈인가보다. 청개구리도 고양이와 함께 친구가 되었다. 청개구리에게 잘 있었느냐는 인사를 건네면 고양이도 궁금한지 옆

에 앉아 이파리를 건드려 보지만 청개구리에게 해롭게 하지는 않는다. 어느 날 화분에 물을 주려고 하니 청개구리 두 마리가 이파리에 앉아 있었다. 울음주머니가 없는 걸 보니 암놈이다. 꼭 배우자를 소개하려는 것처럼 꼼짝 않고 있는 모습이 기특하다. 가문도 조건도 보지 않고 둘이 만나서 사랑하는 모습이 평화롭게 마음에 와 닿는다.

– 이선숙의 수필 「고양이와 매미 청개구리가 있는 집」 중에서

상대방 수를 읽으려면 자신의 표정이 상대에게 눈치체지 않아야 이긴다는 속설을 머리로는 기억하고 있지만 내겐 쓸모 없는 훈수다. 그렇게까지 골몰하면서 머리 아프기는 싫다. 내가 맞은 것보다 훨씬 덜 맞은 딸애지만 가녀린 팔목이 부어서 빨갛다. 피부가 희어서 더 그래 보이는지 몰라도 나 역시 때릴 때는 힘을 가해서 모질게 때렸던 것 같다. 눈으로 확인 되어지는 참상이다. 끝나고도 한동안 낄낄대며 웃는 모녀는 속도 없어 보인다. 내가 많이 맞은 건 잘한 일인 것 같다. 머리로 못 당하니 몸으로라도 감당해야지. 엄마와 타짜가 되어본 여름밤이 그저 재미로만 기억되길 기대해본다.

– 김숙경의 수필 「하극상」 중에서

곽영호의 수필 「마음으로 보는 그림」에는 벽에 건 그림에 버금가는 가슴으로 느끼는 명화 감상이다. 그림의 주제는 '아내'이고 이 그림은 늘 움직이는 묘미가 있다. 가치

를 잃은 존재에서 가치를 세우며 무에서 유를 창조하는 발전적 존재가 되는 그림이다. 한 마디로 아내 예찬이다. 아내가 지닌 장점들을 가슴 훈훈한 시선으로 들여다보는 남편의 사랑이 있다. 어떤 명화로도 바꿀 수 없는 소중한 그림을 감상하게 한다. '눈으로 보는 그림이 아니다. 가슴으로 마음으로 보는 그림이다.'

이선숙의 수필 「고양이와 매미 청개구리가 있는 집」은 장호원 시골집 마당에 자연스럽게 생명을 키우고 있는 존재들과 화자의 친화적 유대를 느끼게 하는 수필이다. 세상에 놓여진 어떤 형상이든 그 존재들은 지구촌에 공존하는 주인이다. 돋아나고 태어나고 소멸하고, 태어나는 생명의 사슬을 잇는 질서 속에서 여느 사람과 다름없는 삶을 누린다. 꽃나무들 틈에 청개구리가 살고 고양이가 이웃하며 매미가 울음을 운다. 각기 지닌 모양으로 생존의 자연한 모양새를 평화롭게 그려내고 있는 이 수필은 너와 내가 다름 아님을 보여준다.

김숙경의 수필 「하극상」은 여름밤 화두놀이에 빠진 모녀가 팔뚝에 '때리기' 흔적을 남기는 이야기를 쓰고 있다. 엄마의 팔뚝에 붉은 매의 흔적을 남기는 딸과 딸의 팔뚝에 사정없이 아픔을 가하는 엄마의 모습이 그려져 웃음이 나온다. 화투놀이는 무엇 때문에 시작되었다는 다양한 설이 있지만 어찌되었든 명절이면 마치 민속놀이처럼 가족들이 모여 판을 펼칠 만큼 친숙한 놀이문화이다. 엄마를 때리고도 패륜아의 죄를 면할 수 있는 수필 '하극상' 은 작가의 화통한 성격이 그려진 그림이다.

6월, 담장 위에 파란 장미 줄기
빨간 꽃 무게에 활처럼 휘어 있다

살다 보면
꽃도 무거울 때 있다

꽃이 진다고
가뿐 하랴

– 이규봉의 시 「무게」 중에서

짧은 추억이 된다

불꽃처럼 사랑하다 운명처럼 헤어진
여인같이 밤에 핀 벚꽃은 더욱 애틋하다
찰나에 와서 이슬처럼 사라진다

벚꽃은 사라져도
추억의 벚꽃은 늘 그 자리에 있다

– 김영숙의 시 「벚꽃」 중에서

나지막한 토담집이
밤사이 썰물에 밀려가고
밀물에 선지창이 하늘에 걸려 있다

마천루摩天樓한 공간
누군가 한숨을 쉬며
그들만의 하늘을 만들었다

– 안일균의 시 「회색도시」 중에서

배냇저고리 벗어버리고
육십 갑자를 돌아온 나는, 오늘
소처럼 살아내신 당신 삶이
가여워 가슴 시리다.
베틀에 매달려 밤새워 한 올 한 올
무명천 짜내어 사들인 논밭들

– 권명곡의 시 「어머니」 중에서

이규봉의 시 「무게」는 6월 담장 위에 핀 장미를 꽃으로 바라보는 시선 너머 꽃나무가 지닌 생존의 무게를 말하려 한다. 물론 감성의 눈으로 바라본 시인이 특별히 감당해야 할 삶의 무게를 짚는다. '6월, 담장 위에 파란 장미 줄기/빨간 꽃 무게에 활처럼 휘어 있다/살다 보면/꽃도 무거울 때 있다' 꽃을 피어낸 나무가 평생의 꿈을 성취한 기쁨을 누려야 하지만 그 성과에 대한 짐스러움에 몸이 휘어지고 있다. '꽃이여/그리스도의 짐처럼/무게는 내려놓고/그 빛깔과 향기만 지고/피안으로 향한 들길을 걷게 하라' 는 위로가 아름답다.

김영숙의 시 「벚꽃」은 화려한 모양새로 제 스스로 피고 지는 벚꽃의 짧은 개화를 아쉬움으로 그려내고 있다. '필 때도 지 맘대로 피더니/질 때도 제 맘대로다/저 홀로 피었다가 저 홀로지는/꽃잎을 보면 가슴이 시리도록/허전함이 밀려온다' 는 것이다. 생명의 유한성에 대한 가슴 시린 허전함이 배어난다. 온 세상을 다 덮을 듯 현혹시키더니 돌아서면 꿈같은 추억만 남기고 있다. '불꽃처럼 사랑하다 운명처럼 헤어진/여인같이 밤에 핀 벚꽃은 더욱 애틋하다' 찰나에 와서 이슬처럼 사라진 꽃의 슬픔이다.

안일균의 시 「회색도시」는 콘크리트 벽으로 획일화된 회색빛 도심의 현실을 그리고 있다. 나지막한 토담집이 무너지고 하늘 높이 떠있는 아파트 숲을 만들어 사람이 사라지고 맹수의 포효를 남겨 놓았다는 모순을 말한다. '고향에 다리를 뻗던 관목들은 콘크리트에 머리를 처박고/참새들은 동토의 땅에서 갈 곳을 잃었다' 자연이 파괴된 고향의 실상이 아프게 드러나고 있다. 고무줄에 맥없이 솔방울만 매어단 소나무와 삭발을 하던 대나무가 옹벽 담장 밑에서 말라죽는 현실을 가슴 아프게 꼬집고 있다. 이 시의 지향점은 자연으로의 회복을 꿈꾸는 고향이다.

권명곡의 시 「어머니」는 94세의 친정어머니를 바라보는 화자의 시선이 측은하다. '배냇저고리 벗어버리고/육십갑자를 돌아온 나는, 오늘/소처럼 살아내신 당신 삶이 가여워 가슴 시리다' 고 한다. 젊음의 시간 베틀에 매달려 한 올 한 올 무명천 짜내어 일구신 논밭으로 여섯 남매 키워 출가시킨 어머니의 손등에 돋아나 붉어진 정맥을 아파한다. 검버섯 핀 주름진 얼굴에 웃음 잃고 구순이 넘은 당신은 이제 뗏장지고 잠들고 싶다는 것이다. 사는 게 멀미난다는 넋두리를 딸은 가슴 시리게 듣고 있다.

> 봄볕만큼 소중한 시간을 감지하며 여객선에 올라 메타쉐콰이어 길에 큼직한 발자국을 남겼다. 자전거를 타는 연인들, 연인의 무릎을 베고 벤치에 누워있는 젊음. 내 몸이 근질거린다. 부럽다. 우리도 저런 적이 분명 있었는데. 도대체 어디만큼 온거야. 여긴 어딘거야. 저 짓은 도저히 할 수 없는 일이다. 안타깝다. 멀리 오리배 타는 곳이 보인다. 남편의 얼굴을 쳐다보았다. 저걸 탈려구? 마치 불온한 짓을 꾸짖기라도 하려는 음성이다. "우리 예전에 탄 거자너 원천유원지에서. 당신 남들 안 보이는 데로 노 젓던 거 생각 안나?" 아마추어처럼 왜 이래. 쑥스러움에 뒤로 빼려는 남자를 보이는 않는 밧줄로 힘껏 잡아 당겼다. 어느새 기억의 촉수를 더듬으며 그곳으로 향하고 있었다. 뒤뚱뒤뚱거리며.

– 이경선의 수필 「그림자 밟는 날」 중에서

독일이 통일을 이루어 냈던 일이다. 칠만 여명이 모여 자신들에게 총을 겨누는 경찰들에게 "우리는 민중이다" 라고 외치며 평화적인 시위를 하며 음악회를 열었다. 시위 인원이 순식간에 삼 십 오만 명으로 늘어났고 베를린 장벽은 모래성처럼 무너져 내렸다. 가슴이 뭉클하며 부럽기 그지없다. 제10회 서울평화상 수상자로 선정된 베네수엘라 아브레우 박사 기사도 가슴을 달아오르게 한다. 음악학교에서 작곡 피아노 등을 배우고 작곡가를 거처 지휘자로 명성을 얻은 그는, 75년 마약과 총기, 폭력과 범죄가 넘쳐나는 빈민가의 허름한 차고에서 전과 5범과 열한 명의 빈곤층 청소년들의 교육 및 재활을 위해 악기를 사주고 연주하는 방법을 가르치는 등 음악교육을시작했다. 지난 35년 동안 약 30 만 명의 어린이에게 음악교육을 시켰다니감동이 아닐 수 없다. 그가 만든 오케스트라의 음악을 들으면 가슴이 뭉클해진다.

– 박남례의 수필 「음악의 힘」 중에서

'근심 없는 동산' 은 인적은 없고 바람소리, 물소리, 새소리로만 가득하다. 어쩌면 지금 내 마음에도 그와 같은 자연의 소리로 가득 찼을지도 모른다. 문득, 눈앞에 스쳐가는 것이 있었다. 때가 되면 순이 돋고 무성한 잎으로 가지를 뻗어 그늘을 만들다 마지막엔 아낌없이 자신을 불태워 붉게 타오르고 떨어지는 나무들이 보인다. 작던 크던 어디에 있느냐가 중요하지는 않을 것이다. 최선을 다하는 것이 참된 것이 아닌가. 자연의 이치처럼 순리에 따라 최선을 다해야겠다는 생각을 해본다.

때마침 쪼르르 아이가 달려와 제 어미에게 무언가를 건네고 돌아선다. 작고 앙증맞은 돌이 예쁘다. 여자는 아이가 건네 준 돌을 대웅전 앞 돌계단에 가지런히 올려놓는다. 그리고 그 앞에 서서 합장을 한다. 나도 돌 하나를 집어 그 위에 올려 놓았다. 풍경소리가 차고 맑다.

– 유채연의 수필 「풍경소리 차고 맑다」 중에서

이경선의 수필 「그림자 밟는 날」은 휴일 아침 예비하지 않은 외출을 하기 위 길을 나서는 일이다. 둘만의 호젓한 외출이 젊은 날의 추억을 깨우게 되는데 목적 없이 나선 길 위의 외출이 지나 온 시간의 흔적을 밝히는 통로가 된다. '여객선에 올라 메타쉐콰이어 길에 큼직한 발자국을 남겼다. 자전거를 타는 연인들, 연인의 무릎을 베고 벤치에 누워있는 젊음. 내 몸이 근질거린다. 부럽다. 우리도 저런 적이 분명 있었는데. 도대체 어디만큼 온거야. 여긴 어딘거야.' 흘러간 시간들이 젊은 날 했던 짓을 낯부끄럽게 하고 있다. 남편은 더욱 난색을 보이지만 멀리 보이는 오리배 선착장으로 뒤뚱거리며 발길을 옮기게 된다. "우리 예전에 탄거자너 원천유원지에서. 당신 남들 안 보이는 데로 노 젓던 거 생각 안나?" 추억의 그림자를 밟는 날이 수필의 핵심이다.

박남례의 수필 「음악의 힘」은 음악 감상을 즐기는 화자가 음악과 함께한 지난 시간의 흔적을 담아내고 있다. 희망음악 프로그램을 시청하기 위해 트랜지스터 라디오를 구입하고 그 대금을 결혼반지로 대신하고, 20년 전 오디오를 백만원을 주고 살만큼 음악 감상을 즐겼다. 오늘 날의 박남례 수필가의 삶은 음악의 힘이었다 해도 과언이 아닐 것이라는 생각을 한다. '클래식이든 동요든 내가 느낄 수 있으면 되는 것이다. 바깥세상은 수많은 풍경소리들로 가득 차 있다. 아름다운 화음이 되어 마음을 울릴 때도 있고, 형언 할 수 없는 즐거움, 숨쉬기조차 힘든 뜀박질 같은 것을 느낄 때도 있다.' 는 것이 그녀가 바라보는 음악감 리듬성이지 싶다. 바람 속에서도 공기 중에도 빛 속에서도 봄바람 속에서도 어린 시절에 불렀던 동요가 떠오른다는 이 수필은 음악 감상으로 평생의 삶을 짓는 한 여인의 기쁨이다.

유채연의 수필 「풍경소리 차고 맑다」는 수원 보통리 저수지 근처에 터를 닦은 사찰 무우사無憂寺를 찾아가 무우사 입구 '근심 없는 동산' 이라고 새겨진 탑을 만나고 갈피를 잡지 못하는 불안정한 마음을 내려놓고 싶은 기대를 지니게 된다. 이 수필의 주제는 마음 다스리기이다. 오랜 이민생활에서 뿌리내린 자식들과 헤어져 사는 외로움, 건강이 원만치 않은 우울함이 가져온 불안이다. 무우사 경내를 돌며 인기척 없는 고요를 만나게 되는 화자는 결국 마음의 평온을 찾는다. 때가 되면 순이 돋고 무성한 잎으로 가지를 뻗어 그늘을 만들다 아낌없이 자신을 불태워 붉게 타오르고 떨어지는 나무들의 교훈이다. '자연의 이치처럼 순리에 따라 최선을 다해야 겠다' 는 생각이다.

가느다란 호흡 한 소절
짙게 패인 골 따라
높은음자리 두어 개의 맥 그어대고
여물통에 차려진 마지막 성찬 외면한 채
큰 눈망울 속에 스며든 반복되는 새김질이
마른 대지를 흥건히 적신다

– 전옥수의 시 「그럼에도 불구하고 봄은 왔다」 중에서

삶의 가파른 허리마다
꽃들은 피고 지고
당신의 품이기에
은혜의 샘물 한 움큼씩
퍼 올리며
오늘도 시를 쓴다

– 허정예의 시 「그 남자」 중에서

전옥수의 시 「그럼에도 불구하고 봄은 왔다」는 구제역으

로 희생된 동물들의 아픔을 그려내고 있다. 어쩌면 문인들의 사명은 우리 사회가 형성하고 있는 삶의 형태적 모순에 대한 발견이어야 한다. 하여 아름다운 언어로 버무린 아픔의 상처를 씻을 수 있는 치유의 길로 이끄는 일일 것이다. 일찍이 예방하고 방역하여 무단히 죽음에 이르는 소의 방울눈에서 눈물이 떨어지지 않게 해야 할 것이다. 전옥수의 시가 짚어내고 있는 핵심적 메시지는 바로 견딜 수 없는 아픔에 대한 고발이다. '그럼에도 불구하고 봄은 왔다' 는 의미인데 그 큰 아픔이 폭풍처럼 찾아 왔음에도 계절은 봄을 실어 나른다는 무심함의 질타이다. '높은음자리 두어 개의 맥 그어대고/여물통에 차려진 마지막 성찬 외면한 채/큰 눈망울 속에 스며든 반복되는 새김질이/마른 대지를 흥건히 적신다' 는 슬픈 노래이다.

허정예의 시 「그 남자」는 그와의 첫 만남으로부터 연유된 인연의 고리를 짚어내고 있다. 첫 사랑의 시작이며 그 사랑의 흔적이 이룩한 시간의 결과물을 보여준다. '젖은 풀잎이/호심 따라 피어나는/호숫가에/무작정 기다리던 그 남자의/뜨거운 화살에 꽂혀 버렸다' 는 그의 사랑에 굴복하여 하나의 울타리(가정)를 이루고 삶의 가파름 속에서도 꽃을 피우며 살다보니 미움도 고움도 곰삭아 큰 강물을 이루고 있다는 것이다. 그와의 인연이 오늘의 나를 만들고 꽃이 피고 지는 세월을 만들어 낼 수 있었다는 당신에 대한 감사함이다. '당신의 품이기에/은혜의 샘물 한 움큼씩/

퍼울리며/오늘도 시를 쓴다' 는 것이다. 한 여자가 자신의 일생을 돌아보며 지난 시간이 이룩한 삶의 자취를 그려내고 있다.

가슴과 가슴으로 느껴지는 그 무언가의 힘은 바로 배려였다. 배려는 사소하지만 위대한 것이라는 말에 절대 공감한다. 노부부의 배려가 많은 사람들을 행복하게 한 것처럼 우리 모두가 주위를 둘러보며 누군가를 배려하고 존중해주면서 서로 행복해졌으면 좋겠다. 배려는 주고받아야 더 커진다. 그것이 사랑으로 이어지는 아름다운 삶이겠다. 봄빛 가득한 찻집 문을 가만히 열고 뒷사람이 들어오기를 잠시 기다려본다. 봄날, 달콤한 향기가 햇살처럼 환하다.

– 박경옥의 수필 「봄날 그 달콤함 배려」 중에서

마당 큰 집엔 우리들의 이야기로 시간가는 줄 모른다. 소주 한잔의 정은 소원했던 이웃들의 가슴을 덥혀주고, 사랑의 이야기는 고달픈 몸을 따뜻하게 위로하는 밤이다. 이런 마당에 앉아 있으면 신이 우리에게 나 아닌 또 다른 가족을 주심을 감사하게도 한다. 그저 스쳐지나가는 인연으로 끝날 우리들의 사이를 이렇게 돈독하게 엮어준 것이 신앙의 힘임을 알게 된다. 비록 절실하게 믿음이라는 것에 매달리며 살지는 못할지라도 그 끈을 놓지 않고 계속 이어가도록 가지를 형성해 주심에 감사하는 마음이다. 여름밤은 깊어가지만 우리들의 사는 이야기는 깔깔거리는 웃음과 술잔 속에 묻히고 있었다.

– 공석남의 수필 「이웃들이 사는 이야기」 중에서

박경옥의 수필 「봄날 그 달콤함 배려」는 남을 위한 자신의 희생을 말한다. 그러나 현대인들이 지극히 개인주의적인 삶을 살아가다보니 공공장소에서도 자신만을 위한 삶의 터전인줄 아는 사람들이 많다. 공중도덕이란 염두에도 없다. 이 수필은 그렇게 자신을 위한 삶의 방식에 길들여진 사람들 속에서 남을 위한 따뜻한 배려가 얼마나 아름다운가를 보여준다. 봄날의 달콤한 배려 하나가 사회질서를 순화시키는 아름다움이 될 수 있다는 사실을 이 수필은 전하고 있다. 어느 모임에서 노부부는 늘 정해진 특정한 자리에 앉는다고 한다. 키가 너무 커서 1층에 앉게 되면 뒤에 앉은 사람이 자기 때문에 앞이 잘 안보여 불편할까봐 늘 2층 벽이 있는 오른쪽 맨 끝에 앉으면 뒷사람이 편안할 것이라는 타인에 대한 배려다.

공석남의 수필 「이웃들이 사는 이야기」는 성당 공동체가 한자리에 모여 정담을 나누는 오후 한 때의 즐거움이다. 그런데 이 수필을 읽다 보면 마치 외국소설을 읽고 있는 것은 아닐까 착각을 할 만큼 함께한 이들의 호칭에 주목하게 된다. 비비안나, 수산나, 실비아, 시몬, 멜라니아, 마르코, 이시돌 등이다. '화덕에 석쇠를 올려놓는 마르코와 이시돌, 실비아 집은 정원이 넓다. 수돗가에서 포도를 씻는 비비안나와 멜라니아'와 같은 세례명의 이웃사람들이 사는 공간이 한국의 가정이 아니지 싶은 착각을 일으킨다. 그러나 분명히 이 수필의 도입부에서 성당교우라는 사실을 밝히고 있어 이해를 돕는다. 화기애애한 이웃의 한 때가 환한 등불만큼이나 정겹다.

온기를 찾아 헤매다
낙엽을 덮고 누워
꼼지락꼼지락 뒤척이는
빈약한 귀뚜라미의 숨결처럼

지금은
무엇을 해도 헛헛하겠네

– 강해경의 시 「11월」 중에서

지난 날 사랑하는 사람들을 떠나보낸 후
내가 흘린 눈물이
비가 되어 내린다

오늘밤도
빗소리에 묻힌 내 눈물이
또 다시 길을 떠난다

– 김현숙의 시 「비 내리는 밤」중에서

잔뜩 무거워진 어깨
사뿐사뿐 가벼워진다

바다
바람
구름
내 마음 초록빛 물들이고 있다

– 김주현의 시 「마음」 중에서

강해경의 시 「11월」은 특정한 시간이 안고 있는 쓸쓸함 혹은 허허로움이다. 11월이라는 보편적 빛깔이 전달하는 환경적 배경이 이 시를 보다 설득력있게 하지만 무언가 손에 잡히지 않는 무채색의 색감이 시의 전반에 흐르고 있다. '바람에 찢긴 어깨/너덜대는 옷자락으로/훠워이 훠워이 불러보는/허수아비의 몸짓에서/온기를 찾아 헤매다/낙엽을 덮고 누워' 떨어져 누운 낙엽의 침묵이 생명력을 잃고 있는 언어들이 화자가 제시하려는 무기력한 의식을 불러내고 있다. '꼼지락꼼지락 뒤척이는/빈약한 귀뚜라미의 숨결처럼/지금은/무엇을 해도 헛헛하겠네' 빈약한 귀뚜라미의 숨결이라면 제 목소리를 잃은 대상으로 그 어떤 상황이라 할지라도 '헛헛함'에서 벗어날 수 없겠다는 무력함을 이 시는 말하고 있다.

김현숙의 시 「비 내리는 밤」은 슬픔이다. 사랑하는 사람들을 떠나보낸 뒤의 슬픔이 비가 되어 흘러내린다는 눈물 내리는 밤의 아픔이다. 비는 눈물의 상징적 대상으로 흐르는 속성의 유사성을 지니고 있어 '비 내리는 밤' 이라고 하면 '눈물 흐르는 밤'의 슬픔을 극명한 크기로 보여준다고 보아야 한다. 화자가 제시하는 '사랑하는 사람들을 떠나보낸 뒤의 슬픔' 이라 말하는 다소 막연한 인물들의 생략이 감상의 크기를 축소시키기도 하지만 아무튼 슬픔의 색감이 아프게 드러나는 시다. '향수 어린 기와지붕 처마를 타고/마디 높게 울려오는 소리에 실려/더듬더듬 피어나는/차가운 추억의 물결들/지난 날 사랑하는 사람들을 떠나보낸 후/내가 흘린 눈물이/비가 되어 내린다' 내가 흘린 눈물의 크기로 비는 슬픔을 내리고 있다.

김주현의 시 「마음」이다. 빛 고운 수채화 한 편을 감상하듯 그대로 맑은 마음의 색감이 드러난다. 다소 소소한 일에 부딪친 마음이었으나 맑은 계곡물이 치유의 대상으로 어깨를 가볍게 한다. 오래 눅눅한 마음을 가슴에 담아두지 않는 시인의 감성이 거울처럼 비춰지는 이 시는 독자에게 청량감을 심어준다. '구름 이고 훌쩍 떠난 길/소소한 일에 부딪힌 마음/스르르 풀어지고/잔뜩 무거워진 어깨/사뿐사뿐 가벼워진다/바다/바람/구름/내 마음 초록빛 물들이고 있다' 구름 낀 독자의 마음 밭에 청량한 바람을 전해주는 이 시는 제 몫의 존재로 그 가치를 세우고 있다. 문학은 아픈 영혼을 치유할 수 있는 위로이어야 하는 까닭이다. 어떤 슬픔을 말하더라도, 어떤 아픔을 말하더라도 감동의 의미를 지녀야 한다.

동남문학회의 활발한 활동만큼이나 좋은 작품들을 생산해낸 2011년의 이 높은 결실을 마음 다해 축하하지 않을 수 없다. 문인들에게 주어진 절대사명은 최선을 다한 창작의 흔적을 보여주는 일이다. 보여주어 누군가의 가슴에서 꽃으로 피어나기를 기대해야 한다고 생각한다. 오늘의 노력이 빛나는 흔적을 남긴다는 사실이다. 어깨에 보기 좋은 이름표 하나 달고 다니기를 자랑하는 시인, 수필가가 아닌 혼신을 다한 문학인의 길을 걸어가야 하는 일이 우리 모두에게 주어진 이름의 답일 것이다. 2012년에는 어떤 작품들이 독자의 가슴을 울릴 수 있을까 기대하게 한다.

천천히 조금 천천히